인문사회과학자를
위한 논문 작성
HandBook

인문사회과학자를 위한 논문 작성 HandBook

박성민 & 김선아

인문사회과학분야에서의 연구활동은 순발력과 집중력을 필요로 하는 동시에 숙고의 과정을 필요로 하는 작업이다. 관심대상 및 주제를 살피고 선정한 주제가 의미가 있는지 혹은 기존 연구들과 차별화가 되는지에 대한 확신과 신념을 가지고 진행해야 한다. 또한, 연구활동은 수준 높은 자율성과 자기주도성, 자기효능감을 요구하며 창의적이고 전략적이며 통합적인 역량을 최대한 발휘해야 하는 입체적 종합학문활동이다. 이러한 연구활동의 결정체가 연구논문이라 할 수 있으며, 특히 인문사회과학분야에서의 논문작성은 다양하고 깊은 이론적·실천적 지식은 물론 분석적인 통찰력 및 예측력을 필요로 하며, 체계적이고 논리적인 방식으로 인문학적 소양과 사회과학적 비판의식을 토대로 제시된 연구적 질문과 가설들을 검증해 나가는 프로세스라고 개념화 할 수 있다.

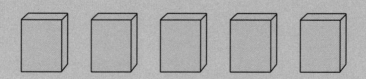

성균관대학교
출판부

목차

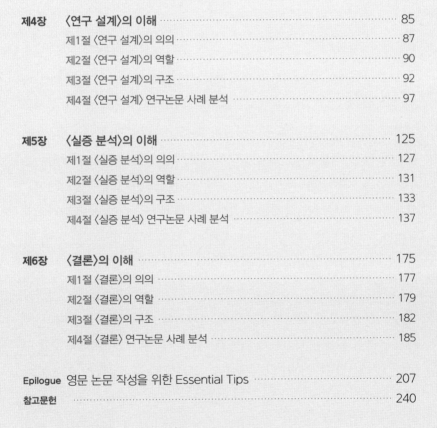

논문 작성의 여정을 시작하며

인문사회과학 분야에서의 연구활동은 순발력과 집중력을 필요로 하는 동시에 숙고의 과정을 필요로 하는 작업이다. 관심대상 및 주제를 살피고 선정한 주제가 의미가 있는지 혹은 기존 연구들과 차별화가 되는지에 대한 확신과 신념을 가지고 진행해야 한다. 또한, 연구활동은 수준 높은 자율성과 자기주도성, 자기효능감을 요구하며 창의적이고 전략적이며 통합적인 역량을 최대한 발휘해야 하는 입체적 종합학문활동이다. 이러한 연구활동의 결정체가 연구논문이라 할 수 있으며, 특히 인문사회과학 분야에서의 논문 작성은 다양하고 깊은 이론적·실천적 지식은 물론 분석적인 통찰력 및 예측력을 필요로 하며, 체계적이고 논리적인 방식으로 인문학적 소양과 사회과학적 비판의식을 토대로 제시된 연구적 질문과 가설들을 검증해 나가는 프로세스라고 개념화할 수 있다. 따라서 인문사회과학 논문이란, '인문학적·사회과학적 요소를 가지고 체계적·탐구적 절차를 통해 새로운 사실과 현상들을 발견함으로써 연구의 지식적 수준을 발전 혹은 수정해 나가는 작업이며 이를 바탕으로 자신이 수행한 연구 결과에 대한 해석(평가 및 논의)과 비판적 가치를 투영한 공식적인 글(formal essay)'로 정의할 수 있다.

본서는 연구활동적 측면에서 미래의 인문사회과학자를 꿈꾸는 학부생과 학위논문 및 연구논문을 작성하는 대학원생, 그리고 현재 학위를 가지고 학계와 실무에서 직·간접적으로 연구활동을 수행하고 있는 연구자들을 대상으로 연구논문 작성에 있어 학문적 길잡이 역할을 하고자 기획되었다. 또한, 본서는 교육활동적 측면에서 성균관대학교의 지원을 받아 본교 대학원 공통교과목으로 운영되고 있는 〈논문작성법 및 연구윤리〉 교과목의 보조자료로 활용하기 위해 기획되었다. 논문 작성 및 연구방법론에 관한 도서가 시중에 다수 존재하지만, 해당 도서들은 대부분 논문 작성법에 관한 추상적인 설명에 그치고 있어 아쉬움이 있었다. 본서는 다음과 같은 측면에서 독창성과 차별성을 지닌다 하겠다.

첫째, 논문의 단계별 내용 및 역할, 구조에 대해 독자들이 쉽게 이해할 수 있도록 핵심적인 설명을 제시하고 실제 연구논문에 대한 사례 분석을 진행하였다. 둘째, 연구논문의 작성부터 투고까지의 기본적인 설명과 더불어, 좋은 연구논문 작성을 위해 연구논문의 단계별 핵심 내용 및 역할, 구조에 대한 구체적인 설명을 제공하고 특히 실제 연구논문을 사례로 보여주면서 단계별 핵심 내용들이 논문에서 어떻게 구현되고 있는지를 살펴봄으로써 독자로 하여금 논문 작성에 대한 실질적인 이해를 높이고자 하였다. 셋째, 최근 인문사회과학 분야에서 해외 학회 및 해외 심포지움, 콜로키움에서의 연구논문 발표가 많아지고 해외 저명 학술 저널 투고에 대한 연구자들의 관심이 높아지는 추세에 따라 해외 학술 저널에 투고하고자 하는 국내·외 연구자들을 위해 앞서 논의한 주요 논문 작성 주제들을 바탕으로 에필로그 형식을 통해 '영문논문 작성을 위한 Essential Tips'을 구성하였다.

구체적으로 본서는 인문사회과학 분야 연구자들을 주 대상으로 하여 크게 7개 세부 내용으로 구성되어 있다. 첫째, 제1장 "논문 작성의 기초"에서는, 인문사회과학 분야에서의 연구논문을 '학문적 의견과 주장을 논리적으로 풀어 설명하고 다양한 방법론들을 통해 결과를 도출함으로써 새로운 지식을 창출하거나 기존 지식의 상태(status)를 확인, 검증하면서 새로운 시각과 학문의 발전방향을 제시하는 역할을 한다.'고 제시하였다. 이러한 전제를 바탕으로 인문사회과학논문의 개념과 역할, 유형, 기능 등에 대한 논의를 중심으로 논문 작성의 전반적인 구조와 절차에 대한 이해도를 높이고자 하였다.

둘째, 제2장 "〈서론〉의 이해"에서는, 논문을 통해 만나는 상대에게 논문의 전반적인 내용을 소개하는 역할을 담당하는 서론의 중요성을 강조하면서 연구 배경에 대한 설명을 기반으로 연구 질문 및 연구 목적을 분명하게 밝히고, 연구의 방향성을 제시하는 서론의 역할을 연구논문 사례분석을 통해 논의하였다.

셋째, 제3장 "〈문헌 검토〉의 이해"에서는, 연구에서 다루고자 하는 연구 모형 혹은 분석의 틀에 대한 논리적 설명을 제공하고, 기존 선행연구에 대한 검토 내용을 기반으로 연구의 차별성을 부각시키는 문헌 검토 활동의 중요성을 강조하면서 연구논문 사례분석을 통해 그 의미를 실제적으로 살펴보았다.

넷째, 제4장 "〈연구 설계〉의 이해"에서는, 자료 수집 및 자료 분석 등 실제 연구활동을 효과적으로 수행하기 위한 청사진을 계획하는 연구 설계 활동의 중요성을 강조하면서 연구논문 사례분석을 통해 연구 설계 단계에서 구체적으로 어떠한 내용을 담아내야 하는지에 대해 살펴보았다.

다섯째, 제5장 "〈실증 분석〉의 이해"에서는, 실제적인 자료 조사 및 분석(analyses)을 진행하고 이를 통해 가설을 검증하고 타당성을 검토함으로써 연구 질문에 대한 실질적 해답을 제시하는 실증 분석의 중요성을 강조하면서 실증분석의 과정과 구조에 대한 논의를 토대로 연구논문 사례분석을 수행하며 내용적 이해를 높이고자 하였다.

여섯째, 제6장 "〈결론〉의 이해"는, 기술 및 해석의 맥락에서 분석 결과를 논의하고, 최종적인 결론과 연구의 함의, 연구의 한계 및 개선점을 종합적으로 담아낸다는 측면에서 결론의 중요성을 강조하면서 연구논문 사례들을 살펴봄으로써 결론의 역할과 의의, 중요성을 차근차근 짚어보고자 하였다.

마지막으로 "Epilogue: 영문 논문 작성을 위한 Essential Tips"에서는 해외 학술 저널에 연구논문을 투고하고자 하는 국내·외 연구자들을 위해 앞서 논의한 내용을 토대로 Abstract, Introduction, Literature Review, Methods, Results, and Discussions, Research Ethics, Plagiarism, and Reference로 구분하여 영문논문 작성에 대한 이해도와 친숙도를 높이고자 하였다.

본 도서를 출판하기까지 많은 도움을 주신 성균관대학교 기획조정처 전략기획팀 장연호 차장님과 성균관대학교 출판부 선생님들께 감사 말씀을 드린다. 본서가 인문사회과학 분야의 연구자들에게 작게나마 도움이 될 수 있길 소망한다.

2019년 12월 20일
저자 박성민·김선아

제1장

논문 작성의 기초

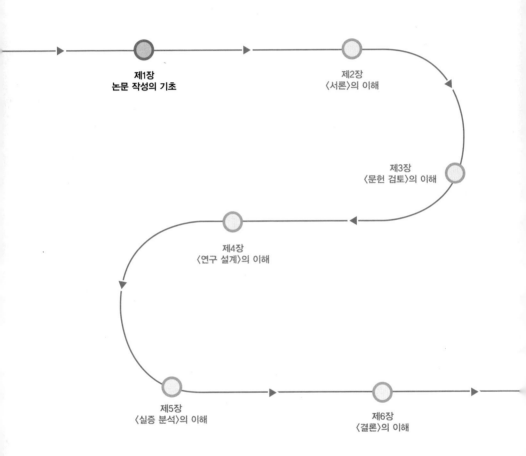

제1장
논문 작성의 기초

제2장
〈서론〉의 이해

제3장
〈문헌 검토〉의 이해

제4장
〈연구 설계〉의 이해

제5장
〈실증 분석〉의 이해

제6장
〈결론〉의 이해

제1절

논문의 의의

1. 인문사회과학 연구논문의 개념

　연구자들의 숙명적 합체이자 연결체인 '연구'의 개념은 체계적인 탐색적, 확인적 연구 과정으로서 새로운 사실들을 발견, 검증함으로써 현재의 지식과 상식들의 외연과 깊이를 넓히거나 수정해 나가는 과정으로 정의할 수 있다. 특히 인간과학, 즉 인문사회과학 분야에서의 연구는 자연과학과는 본질적인 차이와 다른 접근 방식의 필요성이 존재하고 따라서 자연과학적 접근 방식과 산술적, 계량적 측정 실험 방식, 이에 기반한 결과와 함의 도출의 타당성과 신뢰성에 의문이 있는 것도 사실이다. 이러한 과학적 분석의 한계를 최소화하고 보다 진화된 융합적 방식으로서의 인문사회과학 연구 접근 방식이 필요하다.

　인문사회과학 연구는 연구 대상 및 주제의 특수성과 방법론의 상이성을 가지고 '정신세계의 예술, 인문가치 및 사상, 인간 행동, 인간관계, 인문학적 사고, 사회구조와 현상, 제도와 문화, 집단적 행위 및 결과' 등을 탐구하고 확증하는 일련의 절차 및 과정을 의미한다. 사실에 대한 발견과 확증의 절차와 결과들도 중요하지만, 자연과학과는 다른 인문사회과학의 특성상 연구의 함의를 통해 1) 범세계적 차원에서 인류와 정치 및 사회에 대한 기여, 2) 사회와 조직 차원에서의 최고선 실현을 위한 기여, 3) 인간 내면적 가치와 행위의 합목적적 발전 방향을 제시해야 한다. 따라서 비판적 논리와 가치 지향적 합목적성을 가지면서 연구를 진행해야 하는 다소 무거운 연구적 책무성이 존재한다고 볼 수 있다.

이러한 인문사회과학 연구의 특수성을 전제로 할 때, 인문사회과학 연구논문은 연구와 탐구의 동인, 과정, 결과들을 논리성과 체계성, 일관성을 가지고 기술, 정리, 보고하는 일련의 과정으로 개념화할 수 있다고 보인다. 즉 인문사회과학 논문이란 '인문학적·사회과학적 요소를 가지고 체계적·탐구적 절차를 통해 새로운 사실과 현상들을 발견함으로써 연구의 지식적 수준을 발전 혹은 수정해 나가는 작업이며 이를 바탕으로 자신이 수행한 연구 결과에 대한 해석(평가 및 논의)과 비판적 가치를 투영한 공식적인 글(formal essay)'로 정의될 수 있다.

2. 인문사회과학 연구논문의 역할과 기능

인문사회과학 분야에 있어서 연구논문은 학문적 의견과 주장을 논리적으로 풀어 설명하고 다양한 방법론들을 통해 결과를 도출함으로써 새로운 지식을 창출하거나 기존 지식의 상태(status)를 확인, 검증하면서 새로운 시각과 학문의 발전 방향을 제시하는 역할을 한다고 할 수 있다. 특히 본질적 기능 관점에서는, 연구자는 연구논문 작성을 통해 수많은 인문사회과학 분야의 이론들을 학습, 이해하고 이를 바탕으로 연구자 고유의 연구 질문과 연구 가설들을 설정하는 주체적인 역할을 기대할 수 있다. 이를 통해 이론과 연구 질문 및 가설 간의 정합성을 높임으로써 연구자가 제시하였던 연구 질문과 가설의 확장은 물론 일반화의 가능성까지 타진해보면서 중범위적 이론화 작업의 토대를 마련하는 계기도 준비할 수 있다. 수단적 기능 관점에서는, 다양한 방법론적 선택(예를 들면 양적 및 질적 분석, 혼합적 접근 방식 등)을 통하여 자료 수집 또는 실험, 자료 분석과 결과에 대한 고찰을 진행함으로써 논문의 신뢰성과 타당성, 체계성을 제고시킬 수 있는 기능을 담당한다. 또한 연구 결과의 제시와 공유를 통해 실무적, 사회적 기여를 도모하는 역할까지도 담당하게 된다. 종합적으로 살펴볼 때, 인문사회과학 분야 연구논문의 역할과 기능을 크게 여섯 가지 차원으로 나누어 살펴볼 수 있다.

① 연구 주제와 연구 질문
② 이론과 연구 모형 및 연구 가설
③ 관찰과 기술
④ 측정과 조작화
⑤ 분석과 검증 및 설명
⑥ 예측과 처방 및 제언

3. 인문사회과학 연구논문의 특징

인문사회과학에 기반한 연구논문의 특징은 다음과 같이 요약할 수 있다. 첫째, 이론과 가설 및 연구 목적에 가장 적합하고 수용성 높은 방법론적 검증기법의 적용을 전제로 한다. 즉 이론과 연구 질문 및 가설, 연구 방법론 간 최고의 조합을 찾아내어 연구논문을 작성하는 노력이 필요하다. 이러한 의미에서 인문사회과학의 연구논문은 매우 종합적인 거시적 시각이 요구된다고 볼 수 있으며, 이러한 부분을 연구논문 작성 과정에서 실현시키는 것이 가장 큰 난제이자 의미 있는 도전이라고도 할 수 있다.

둘째, 실증과학의 접근 방식을 투영하고 있으며 다학제적 연구 방법론의 적용이 필요한 분야라고 할 수 있다. 따라서 인문사회과학 연구논문들은 다채로운 인문학적 사상과 철학, 그리고 유의미한 사회적 담론을 기반으로 매우 창의적이고 융합적인 연구 방법론 선택이 요청된다고 하겠다.

셋째, 연구논문은 일반적인 연구보고서와는 다르게 연구자만의 독창적인 생각과 관점을 제시하여 수용되고 인정받는 공식적 학술문서 과정이자 산출물이라 할 수 있다. 특히 인문사회과학 영역에서는 논문 주제의 중요성, 연구 질문의 시의적절성, 결과에 대한 창의적 해석, 그리고 결과에 대한 비판적 평가 등이 담겨 있어야 한다. 따라서 다음과 같은 경우는 연구논문의 범주에 들어가지 않는다고 간주해야 하고, 구분하여 정의해야 한다.

- 타인의 아이디어를 무비판적으로 반복해서 도용하거나 창의성 (Originality)이 결여된 인용 중심의 보고서
- 실증적, 규범적, 처방적 연구 방법론을 대입하지 않은 채 입증되지 않은 '개인적 의견'수준을 제시하는 경우
- 타인의 주장과 생각, 그리고 발견들을 구체적인 인용 없이 나열하는 경우(표절에 해당함)

제2절
논문의 유형

연구논문은 다양한 명칭으로 정의되고 있지만 여기서는 크게 학위논문, 국내 학술논문, 국외 학술논문으로 구분하여 유형화할 수 있다. 이를 구체적으로 살펴보면 다음과 같다.

학위논문

(1) 석사학위논문

석사학위논문은 보편적으로 Thesis로 불리며 학위논문 작성의 입문적 성격을 지닌다고 할 수 있다. 일반적으로 연구자로서 첫 연구논문을 작성하는 과정으로 이해되고 있으며, 박사학위논문에 비해 방법론적 측면 및 결과 해석과 함의 제시 측면에서 다소 부족할 수 있으나 향후 중견연구자로서의 방향 설정과 관심주제 선정 등을 가늠할 수 있는 중요한 연구 산출물이라 할 수 있다.

석사학위논문에서는 심오한 이론 탐색과 정교한 방법론 적용보다는 기본적인 연구논문의 절차와 요건들을 충족하면서 연구자로서의 자질과 가능성을 살펴본다. 보통 3~5인의 내·외부 심사자로 구성되는 석사논문 커미티가 구성되어 위원들의 서면 및 대면평가를 통해 심사가 진행되며, 심사 통과 기준이 충족되면 석사학위가 수여된다.

(2) 박사학위논문

박사학위논문은 보편적으로 Dissertation으로 불리고 있으며 박사과정 혹은 석박사 학위 과정에서 수료 조건을 충족한 후 축적된 연구적 역량을 발휘하는 기재로 작용한다. 석사논문보다 깊은 이론성과 방법론적 정교화를 이루며 진행되고, 연구자는 졸업 후 논문의 성격, 수준 등의 질적 평가를 통해 연구자로서의 자질과 역량을 평가받게 된다. 보통 3~5인의 내·외부 심사자로 구성되는 박사논문 심사 커미티가 구성되어 위원들의 서면 및 대면평가를 통해 심사가 진행되며, 심사 통과 기준이 충족되면 박사학위가 수여된다.

국내 및 국제 학술논문

국내 및 국제 학술 논문(Domestic & International Journal Article)의 투고 저널을 결정할 때, 저자는 저널들이 선호하는 주제, 방법론, 방향 등을 입체적으로 고려한 후 최적의 저널을 선택해야 한다. 해당 학술논문지에 저자가 논문을 투고한 후 담당 편집장과 편집위원들로 구성되는 편집위원회에서 다양한 방식의 논문 심사/리뷰(Review) 방식을 통해 논문의 주제, 수준, 기여도 등을 판단하여 논문 게재를 결정하는 절차가 존재한다.

국내 및 국제 학술논문의 경우, 논문 심사 유형은 크게 에디토리얼 리뷰(editorial review)와 피어 리뷰(peer review)로 나눌 수 있다. '에디토리얼 리뷰'는 편집장(Editor) 혹은 부편집장(Managing Editor)의 자율적 심사권한을 통해 투고된 논문이 저널이 요구하는 기본 조건과 수준을 충족하는지 판단하는 논문 심사 유형을 뜻한다. 일반적으로 충족이 되지 않는 경우, 사전심사탈락 제도(desk reject system)를 통해 본심사인 심사자 피어 리뷰에 넘기지 않고 직권으로 투고자에게 탈락 결정을 전달하게 된다. '피어 리뷰'는 동료 심사를 의미하는 논문 심사 방식으로, 해당 연구 내용을 가장 잘 아는 동일 분야 연구자가 심사를 담당하는 제도이다. 이러한 피어 리뷰는 싱글 블라인드(single-blind) 리뷰 방식과 더블 블라인드(double-blind) 리뷰 방식으로 분류되어 진행될 수 있다. 피어 리뷰는 보통 3인으로 심사단이 구성되고, 심사 결정에 따라 게재 가, 수정 게재, 게재 불가 등으로 결과가 통지되며, 심사 결과에 따라 투고자는 다음 절차를 진행하게 된다.

🖋 연구논문의 수준과 질적관리전략(Quality Management Strategies)

- 보통 해외 영문 논문을 기준으로 할 때, 출간되는 연구논문 중 약 10%는 통찰력과 창의력이 충만한 Top-tier 논문으로 인정되고 있음. 학계와 실무계에 이론적, 정책적 공헌이 많고 새로운 이론을 정립하거나 매우 창의적이고 실험적인 연구 방법론이 적용되는 경우 이 범위에 속함

- 2nd tier 논문 수준으로는, 이론과 가설이 매우 잘 정돈되어 있고 방법론적으로도 타당성과 신뢰성이 높은 접근 방식을 취하면서 의미 있는 학문적 함의들을 제공하는 논문들로 구성되어 있음. 다년간의 실험과 국내외 조사, 고문서 기록 등을 이용하여 진행된 다수의 심층적 연구가 여기에 속함. 인문사회과학 분야 박사학위논문의 약 20~30%를 차지한다고 생각됨

- 마지막으로, 3rd tier 논문은 기존에 반복되고 있는 사실의 나열과 단순 요약, 이에 기반하여 부분적으로 저자의 주장을 제시하는 매우 '피상적인' 보통의 논문을 의미함. 새로운 이론적 틀을 제시하지 못하고 방법론적으로도 최소한의 적합 기준을 넘어서는 재미없는 글이 여기에 속함. 매우 단순 기술적인 논문으로, 인문사회과학 분야 박사학위논문의 약 50%를 차지한다고 생각됨

- 연구논문의 질적관리전략은 현재 자신의 연구적 능력과 가용 가능한 연구적 지원의 범위를 냉철하게 파악한 후, 통시적 연구 발전 로드맵과 타임 테이블(time table)을 설정하고, MBO(Management by Objectives) 방식으로 점차적으로 높은 수준의 논문, 즉 3rd tier → 2nd tier → Top tier 논문으로 스스로 발전시켜 나가는 것을 의미함

논문 작성의 절차

인문사회과학 연구논문을 작성하는 과정에 있어 후술하는 논문 작성의 주요 10단계를 중심으로 연구자들이 절차적 정당성과 타당성을 높이는 것이 중요하다. 연구자들의 경험과 성향에 따라 다소 다른 기준을 가지고 진행할 수 있지만 기본적인 내용은 대동소이할 것으로 판단된다. 각자의 연구논문 내용을 마음속에 떠올린 후 어떠한 내용으로 10가지 절차적 내용들을 채워 나갈 것인지 한번 생각해보자.

① 제목, 주제 및 핵심어(keyword) 선정 및 초록 작성
② 연구 질문(Research Questions) 작성
③ 연구 방법론 및 변수, 자료 추출 방법, 측정 도구 등 결정
④ 연구 모형(Research Framework) 및 연구 가설 작성
⑤ 연구논문 작성 일정표 및 계획서(Proposal) 준비
⑥ 논문 목차 구성
⑦ 서론 작성
⑧ 본문 작성

⑨ 결론 작성

⑩ 인용과 참고문헌 등 출처 표기 작성

✐ **연구논문 작성 10가지 주요 팁!**

- 연구 주제가 연구자의 관심에 적합한가?
- 연구 목적이 분명한가?
- 연구 질문이 타당하고 시의적절한가?
- 연구 설계가 적합하게 진행되었는가?
- 연구 방법론이 적합한가?
- 창의적인 접근 방식으로 논문이 작성되었는가?
- 연구에 필요한 자료들을 기한 내에 수집할 수 있는가?
- 연구논문이 명확하고 간결하게 잘 구성되었는가?
- 연구논문의 학술적 가치가 충분한가?
- 연구논문의 실무적 가치가 존재하는가?

자료 : www.phdcomics.com

제4절
논문의 구조

Step 1: 서론

논문에서 다루고자 하는 주제와 논문의 중요성을 제시함으로써 앞으로
전개될 논문의 내용에 대한 독자의 이해를 높임

Step 2: 문헌 검토

연구와 관련된 이론적·제도적 논의 및 선행연구 검토를 통해 연구의 논
리적 근거를 제시하고 연구의 중요성 및 차별성 강조

Step 3: 연구 설계

연구 목적에 적합한 연구 모형을 도출하고 연구 활동 계획을 수립하여
독자로 하여금 해당 연구에서 다루고자 하는 내용이 무엇인지, 그리고 어

떻게 연구 질문에 대한 해답을 찾아나갈 것인지에 대한 이해를 돕고 저자로 하여금 효과적으로 연구 활동을 수행해 나갈 수 있도록 지원함

Step 4: 실증 분석

실제적인 자료 조사 및 분석을 진행하고, 이를 통해 가설을 검증하고 타당성을 검토한 후 분석 결과를 도출하고 결과를 해석

Step 5: 결론

연구 질문에 대한 해답을 제시하고, 분석적 관점을 토대로 이론적·정책적 측면에서 본 연구가 갖는 의미를 제시함으로써 독자로 하여금 다시 한 번 해당 연구의 목적과 중요성에 대해 공감을 이끌어내고 연구에 대한 전반적인 이해를 높임

[그림 1-1] 논문의 구조

〈서론〉

↓

〈문헌 검토〉

↓

〈연구 설계〉

↓

〈실증 분석〉

↓

〈결론〉

제2장

―

〈서론〉의 이해

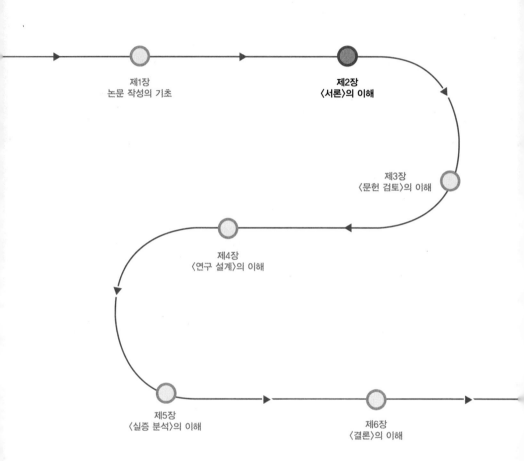

제1장
논문 작성의 기초

제2장
〈서론〉의 이해

제3장
〈문헌 검토〉의 이해

제4장
〈연구 설계〉의 이해

제5장
〈실증 분석〉의 이해

제6장
〈결론〉의 이해

제1절
〈서론〉의 의의

　연구논문의 시작점에 해당하는 〈서론〉은 영문 표현인 'Introduction'
의 의미에서 알 수 있듯, 누군가와 첫 만남에서의 자기소개에 비유할 수
있다. 즉 논문에서의 〈서론〉은 논문을 통해 만나는 상대에게 논문의 전
반적인 내용을 소개하는 역할을 담당한다. 첫 만남에서 상대방에게 좋은
인상을 주기 위해 많은 노력을 기울이는 것처럼, 논문과의 첫 만남이라
할 수 있는 〈서론〉에서 상대방에게 좋은 인상을 주기 위해 고민하는 것
은 좋은 논문을 작성하기 위한 첫걸음이라 할 수 있다.
　그렇다면 저자가 자신의 창작물인 논문을 매개로 처음 만나게 되는
상대는 누구일까? 바로 자신의 논문을 읽는 '독자'이다. 논문의 독자는
1차 독자와 2차 독자로 구분할 수 있는데, 1차 독자는 학술지에 논문을
투고했을 때 게재 여부를 판단하는 편집자(Editor)와 심사자(Reviewer)이며,
2차 독자는 학술지에 논문이 게재된 이후 나의 논문을 읽는 일반 독자이
다. 이에 논문을 통해 저자가 처음 만나게 되는 상대는 1차 독자인 편집
자와 심사자라 할 수 있다. 1차 독자에게 좋은 인상을 주어서 논문 '게재'
라는 관문을 통과해야만 자신의 창작물이 더 많은 독자와 만날 수 있게

되므로 1차 독자들에게 '서론'을 통해 좋은 첫인상을 남기는 것은 매우 중요하다. 논문의 첫인상인 서론에서 독자에게 좋은 인상을 주지 못한다면 논문의 가치가 경시될 수 있기 때문이다.

이에 〈서론〉에서는 독자에게 좋은 첫인상을 남기기 위해 ① 연구 배경에 대한 설명을 기반으로 ② 연구 질문 및 연구 목적을 분명하게 밝히고, ③ 연구의 방향성을 제시하는 것을 기본으로 한다. 〈서론〉의 사전적 의미가 "말이나 글 따위에서 본격적인 논의를 하기 위한 실마리가 되는 부분"(국립국어원 표준국어대사전, 2020)인 것처럼, 서론은 논문에서 다루고자 하는 주제와 논문의 중요성을 제시함으로써 앞으로 전개될 논문의 전체적인 내용에 대해 독자의 이해를 돕는 도입부로 이해할 수 있다. 즉 논문에서의 〈서론〉은 1차 독자인 편집자와 심사자, 그리고 2차 독자인 일반 독자를 초대하여 자신이 준비한 연구 여행이 흥미를 가질 수 있도록 무엇을 위한 연구이며 이 연구가 왜 중요한지, 연구 질문에 대한 해답을 어떻게 찾아갈 것인지 등을 설명해주는 여행 지도와 같은 기능을 수행한다.

이러한 내용을 종합할 때 연구논문의 〈서론〉은 연구 배경 및 연구 목적, 연구의 방향성에 대한 개괄적인 논의를 통해 논문의 중요성과 필요성에 대해 독자들을 설득하고 연구의 독창성과 학문적·실무적 기여도에 대한 공감을 불러일으킬 수 있다는 측면에서 그 중요성을 이해할 수 있다.

제2절

〈서론〉의 역할

연구논문에서 〈서론〉의 역할은 ① 연구의 출발점이면서, ② 연구의 전체적인 방향성을 제시하고, ③ 연구 내용을 제어하는 것으로 구분하여 살펴볼 수 있다. 이를 구체적으로 살펴보면 다음과 같다.

첫째, 〈서론〉은 연구의 출발점(Starting Point)으로서의 역할을 수행한다. 이는 〈서론〉이 저자가 논문을 쓰게 된 배경, 즉 '논문 작성' 여행을 시작하게 된 이유 및 연구를 통해 이루고자 하는 것이 무엇인지 독자들에게 구체적으로 설명해줄 수 있어야 한다는 의미이다. 특히 이 과정에서는 어떠한 문제의식에 기반하여 해당 연구를 시작하게 된 것인지에 관한 연구 배경과 함께 학문적·실무적 관점에서 해당 연구가 왜 필요한지 구체적으로 설명해줄 수 있어야 하며, 나아가 자신의 연구가 기존의 다른 연구들과 비교할 때 어떠한 차별점을 갖는지에 대해서도 함께 서술할 필요가 있다. 이를 통해 시의적 측면에서 연구의 적절성을 강조함으로써 독자들로 하여금 논문의 중요성에 대한 공감대를 이끌어낼 수 있을 것이다.

둘째, 〈서론〉은 연구의 전체적인 방향(Direction)을 제시하는 역할을 수행한다. 이는 〈서론〉에서 연구 목적에 비추어 학문적 공헌도 및 실질적

효용성을 고려하여 구체적인 연구 질문을 도출하고, 이러한 연구 질문에 대한 해답을 찾아가기 위해 어떠한 자료 수집 방법과 자료 분석 방법을 거쳐야 하는지 구체적으로 제시해야 한다는 의미이다. 더불어 〈서론〉에 서는 해당 연구를 통해 독자들이 얻을 수 있는 학문적·실무적 함의가 무엇인지 제시해야 하며, 서론 이후 논문의 전개 방향을 예측하기 위해 논문의 구조와 순서를 간략하게 제시할 필요가 있다.

셋째, 〈서론〉은 전체적인 연구의 내용을 제어(Control)하는 역할을 수행한다. 이는 〈서론〉에서 해당 연구의 내용, 대상, 시간, 공간적 범위를 명확히 제시해야 한다는 의미이다. 하나의 논문에서 다양한 내용들을 풍부하게 담아낼 수 있다면 좋겠지만, 연구의 완성도를 높이기 위해서는 적정한 수준에서 연구의 내용, 대상, 시간, 공간적 범위 등을 제한할 필요가 있다. 특히 연구의 내용, 대상, 시간, 공간적 범위를 설정하는 과정에서는 연구 목적을 기본으로 학문적 공헌도 및 해결 가능성 등을 종합적으로 고려하여 연구 범위 제한에 대한 타당성을 확보하는 것이 중요하다.

[그림 2-1] 연구논문에서 〈서론〉의 의의 및 역할

논문에서 다루고자 하는 주제와 논문의 중요성을 제시함으로써
앞으로 전개될 논문의 내용에 대한 독자의 이해를 높임

연구의 출발점   ←   서론   →   연구의 방향 제시

연구 내용 제어

제3절
〈서론〉의 구조

Step 1: 연구 목적 및 연구 질문 제시

연구를 시작하게 된 배경 설명과 함께 연구를 통해 이루고자 하는 연구 목적을 분명히 제시

연구 목적에 비추어 연구자가 갖고 있는 문제의식을 다음 3개 요소를 고려하여 경험적으로 검증 가능한 연구 질문 형태로 제시
- 새로운 문제인가?
  - 연구 문제의 참신성에 관한 것으로, 선행연구와의 차별성에 대한 고려가 필요함
- 중요한 문제인가?
  - 연구 문제의 중요성에 관한 것으로, 연구의 학문적·실무적 가치에 대한 고려가 필요함
- 해결 가능한 문제인가?
  - 연구 문제의 해결 가능성에 관한 것으로, 연구자의 연구 수행 능력

및 연구 범위의 적정성 등에 대한 고려가 필요함

Step 2: 연구 내용 및 연구 방법 제시

연구에서 다루는 핵심 주제가 무엇인지 설명
- 탐색적 연구인 경우, 연구를 통해 밝혀내고자 하는 새로운 사실이 무엇인지를 중심으로 기술
- 설명적 연구인 경우, 연구를 통해 증명하고자 하는 사실이 무엇인지에 대해 변수들 간의 관계를 중심으로 기술

연구 질문에 대한 해답을 찾기 위해 활용하고자 하는 주된 연구 방법론 설명

Step 3: 연구의 기대효과 제시

학문적 측면의 기대효과
- 기존 이론의 일반화 가능성 향상에 기여
- 새로운 사실의 발견 및 새로운 이론 형성을 위한 기초 토대 마련

실무적 측면의 기대효과
- 연구 결과를 기반으로 바람직한 방향으로 사회를 변화시키기 위한 제도적 개선안 제시
- 연구 결과를 기반으로 사회 현상을 설명하고 예측

Step 4: 논문의 구조 제시

전체적인 연구의 흐름 논의
서론 이후, 각 장에서 논의하게 될 내용을 간략하게 제시

[그림 2-2] 연구논문에서 〈서론〉의 구조

〈서론〉 연구논문 사례 분석

연구논문 사례 1(김선아 & 박성민, 2019)

연구 제목
- 균형인사정책을 통한 대표성 강화가 사회적 가치 확산에 미치는 영향에 관한 연구

연구 질문
- 균형인사정책의 정책 성과로서 사회적 가치의 구성 요소는 무엇인가?
- 균형인사정책을 통한 공직 내 여성, 장애인, 이공계, 지역인재, 저소득층의 소극적 대표성(구성론적 대표성) 및 적극적 대표성(역할론적 대표성) 강화가 사회적 가치 확산에 기여할 수 있는가?

I. 서론

문재인 정부는 '국민의 나라 정의로운 대한민국'이라는 국정운영 비전을 바탕으로 신뢰받는 정부의 구현, 사회통합의 실현, 국민의 삶의 질 향상에 있어 사회적 가치의 중요성을 강조하고 있다. 이에 국민이 주인인 정부, 더불어 잘사는 경제, 내 삶을 책임지는 국가, 고르게 발전하는 지역, 평화와 번영의 한반도 등의 5대 국정목표를 바탕으로 수립된 100대 국정과제에서도 사회적 가치 실현의 관점에서 인사의 공정성 강화, 사회적 약자의 보호, 신뢰, 소통, 인권, 포용, 협력, 균형 등의 가치를 담아내고 있었다(국정기획자문위원회, 2017). 특히 인사행정에 있어서는 '국민이 주인인 정부'를 실현하기 위한 하위 전략으로 '투명하고 유능한 정부'와 관련하여 우리나라 중앙인사기관인 인사혁신처가 주관하는 국정과제로 '적재적소, 공정한 인사로 신뢰받는 공직사회 구현(국정과제 9)'이 선정되었다. 그리고 인사혁신처는 이러한 국정과제를 달성하기 위한 실천과제 중 하나로 '차별 없는 균형인사를 통한 사회적 가치 실현'을 제시하였다.

① 기존 정부에서 추진한 균형인사정책은 대표관료제 실현의 관점에서 공직 소외 계층에 대한 입직 과정에서의 차별 철폐 및 우대에 중점을 두었으나, 문재인 정부에서 추진하는 균형인사정책은 보다 적극적 관점이라 할 수 있는 '다양성 관리(Diversity Management)'를 토대로 균형인사정책의 구현에 있어 '공감성'과 '포용성', '통합성' 등을 강조하고 있다. 이에 사회통합과 정부 역량 강화를 위해 공직 소외 계층에 대한 입직 과정에서의 배려 정책뿐만 아니라 입직 이후 실질적 평등을 강화하기 위해 보직관리 방식 개선, 근무 환경 개선, 일과 삶 균형정책 확대 등의 노력을 함께 전개하고 있다. 특히 다양성 관리의 관점에서 체계적으로 균형인사정책을 추진하기 위한 노력의 일환으로 2018년 6월에는 '제1차 균형인사

기본 계획'을 수립하였고, 2018년 9월에는 공직 내 균형인사 수준을 진단하고 지속적인 발전을 도모하기 위해 '제1차 균형인사 연차보고서'를 발간하였다. 이처럼 '공직 내 사회적 가치 실현'을 목표로 체계적·유기적으로 균형인사정책을 추진하기 위한 노력이 지속되고 있다. ② 다만 이와 같이 균형인사정책의 궁극적 성과로서 '사회적 가치의 실현'이 논의되고 있으나, 사회적 가치의 개념적 모호성으로 인해 균형인사정책을 통해 달성하고자 하는 사회적 가치가 무엇이고 이러한 사회적 가치는 구체적으로 어떠한 정책 도구를 바탕으로 달성할 수 있을 것인가에 대한 논의는 다소 부족한 실정이다.

→ ①: 연구 배경에 대해 기술함
→ ②: 연구 배경에 대한 논의를 기반으로 저자가 갖고 있는 문제의식에 대해 기술

이에 ③ 본 연구에서는 "균형인사정책의 정책 성과로서 사회적 가치의 구성 요소는 무엇인가?", "균형인사정책을 통한 공직 내 여성, 장애인, 이공계, 지역인재, 저소득층의 소극적 대표성(구성론적 대표성) 및 적극적 대표성(역할론적 대표성) 강화가 사회적 가치 확산에 기여할 수 있는가?"라는 두 가지 연구 질문을 바탕으로 실증 분석을 수행하였다. ④ 구체적으로 제2장에서는 균형인사정책에 대한 이론적 논의와 선행연구 검토에 관한 내용을 담았고, 이를 바탕으로 제3장에서는 연구 내용 및 연구 방법에 대한 논의를 진행하였다. 다음으로 제4장에서는 균형인사정책의 정책 성과로서 사회적 가치의 구성 요소를 정립하고, 균형인사정책의 정책 결과와 정책 성과 간의 인과관계 검증을 위한 실증 분석을 실시하였다. 마지막으로 제5장에서는 사회적 가치 확산의 맥락에서 균형인사정책의 제도적 발전 방안을 논의한 후 본 연구의 한계를 제시하였다.

→ ③: 연구 질문을 구체적으로 기술함

→ ④: 서론 이후 논문의 구성에 대해 기술함

자료: 한국행정논집 31(2)에 게재된 김선아·박성민(2019)의 연구논문 내용 일부 발췌

연구논문 사례 2(김선아 & 박성민, 2018)

연구 제목

– 여성 근로자의 직장생활의 질 향상을 위한 연구 : 조직 내 다양성 관리 전략의 역할 검증을 중심으로

연구 질문

– 여성 근로자 개인이 경험하는 심리 특성, 직무 특성, 전이 특성 중에서 직장생활의 질 향상에 있어 가장 중요한 역할을 하는 요인은 무엇인가?

– 여성 근로자의 직장생활의 질 향상에 있어 조직의 다양성 관리 전략은 의미 있는 역할을 하고 있는가?

I. 서론

노동시장에서 오랫동안 관행적으로 존재해왔던 여성에 대한 차별을 해소하기 위한 정책적 노력이 범국가적 차원에서 지속되고 있다. 특히 여성 차별에 대한 문제의식의 기반이 규범적 공감대에서 경험적 공감대로 전환되면서 기존에는 고용, 임금, 근로 환경 등의 측면에서 발생하는 성별 격차를 완화하는 것에 중점을 두고 정책을 구현하였으나 현

재는 여성 근로자의 직장생활의 질 향상 맥락에서 정책적 노력이 전개되고 있다. 국제노동기구(ILO), 경제협력개발기구(OECD) 등이 노동시장에서 발생하는 성별 격차를 완화하여 여성 인재를 적극적으로 활용하는 것이 GDP 향상 및 생산성 향상에 있어 핵심 요소임을 경험적으로 증명하였기 때문이다(ILO, 2017; OECD, 2012). 이는 인사 및 조직 관리에서의 다양성 관리가 선발 과정에서 사회적 소수 집단에 대한 차별을 철폐하는 소극적 다양성 관리에서 나아가 선발과 더불어 교육·훈련, 유지·활용, 평가·보상 등 전 과정에서 다름을 존중하고 포용하는 적극적 다양성 관리로 전환된 것과 맥락을 같이한다(Dickens, 1994: 261; Liff & Wajcman, 1996; French, 2001; Doherty, 2004: 436; 유민봉·박성민, 2014).

① 하지만 우리나라의 경우 사회 구성원들의 인식 변화, 고등 교육 이수율 향상 등으로 인해 경제활동에 참여하는 여성의 비율은 꾸준히 증가하고 있음에도 불구하고 성평등 측면에서 여전히 부족함을 나타내고 있다. 구체적인 지표로 국민소득, 교육 수준, 평균수명 등을 통해 국가의 삶의 질 수준을 평가하는 유엔개발계획(UNDP)의 인간개발지수(HDI: Human Development Index) 2016년 보고서에서 우리나라는 긍정적 실태를 나타내는 종합평가의 경우 188개국 중 18위로 최상위 그룹(Very High)에 속해 있었지만, 세부 지표 중 산모 사망률 및 청소년 출산율, 여성의 권한, 여성의 경제활동 참여 등을 통해 여성의 인권 및 삶의 질 측면의 부정적 실태를 나타내는 성 불평등 지수(GII: Gender Inequality Index) 역시 18위로 최상위 그룹에 속하고 있음을 확인할 수 있었다(UNDP, 2016). 유사한 맥락에서 OECD 국가의 성평등 실태를 조사한 2017년 보고서(The Pursuit of Gender Equality)에서도 우리나라는 고용 및 임금 부문의 성별 격차는 매우 높고 관리직급에서의 여성 비율은 매우 낮게 나타나는 등 노동시장에서의 성 불평등 수준이 여전히 높은 국가임을 확인할 수 있었다(OECD, 2017). 이러한 상황으로 인해 우리나라의 여성 근로자,

특히 자녀가 있는 기혼 여성 근로자들이 일과 가정의 양립에 어려움을 느끼고 직장생활의 지속을 포기하는 경우가 흔히 발생하면서 현재 기혼 여성의 경력 단절 문제가 심각한 사회 문제로 대두되고 있다. 특히 우리나라의 경우 매우 빠른 속도로 고령화 및 저출산 사회로 진입하였기 때문에 이러한 경력 단절 문제는 비단 개인 차원의 문제를 넘어 머지않아 발생할 경제활동 인구 감소 문제에 대한 대응 차원에서도 중요한 문제로 다루어지고 있다. 이로 인해 다양성 관리의 맥락에서 여성 근로자의 직장생활의 질을 관리하기 위한 노력이 국가적 차원의 중요 과제로 자리 잡게 되었다.

→ ①: 연구 배경에 대해 기술함

이에 문재인 정부의 출범과 함께 노동시장에서 여성 인재를 적극적으로 활용하기 위한 노력이 어느 때보다 적극적으로 전개되고 있다. 특히 지금까지는 노동시장에서 여성 인재의 양적 증가에 중점을 두었지만, 문재인 정부는 양적 관리에서 한 발 더 나아가 질적 관리로의 전환을 도모하고 있다. 이를 위해 문재인 정부는 우선적으로 공공부문에서 여성 인재의 양적 확대와 더불어 실질적 대표성 향상을 위한 관리직 여성 진출 확대 계획을 체계적으로 이행해 나가고자 「공공부문 여성 대표성 제고 5개년 계획」을 수립하였다. 뿐만 아니라 「일자리정책 5년 로드맵」 수립을 통해 근로시간 단축 청구권 확대(임신 및 육아뿐만 아니라 보육기간에도 근로시간 단축 가능), 배우자 출산휴가 단계적 강화, 아이 돌봄 정부지원 비율 상향 및 시간제 정부지원 확대 등을 추진하는 등 공공조직과 민간조직 전반을 아울러 여성 인재의 직장생활의 질 향상 방안에 대해 고민을 지속하고 있다(일자리위원회·관계부처 합동, 2017: 51). '직장생활의 질(Quality of Work Life)'은 직장생활을 통해 경험하게 되는 심리적·정서적 차원의 만족도(Satisfaction)를 의미하는 개념으로 직무 만족, 조직 만족, 조직 몰입을 포괄하는 개념이자 '삶의 질(Quality of Life)'의 구성 요소이다. 따라서 여성 근로자의 직장생활의 질은 단기적 차원에서는 여성 인재의 노동시장 참여 지속을 예측할 수 있는 핵심 요인이며, 장기적 차원에서는 여성 개인의 삶의 질 혹은 행복 수준을 결정하는 핵심 요인으로 이해할 수 있다. ② 이에 본 연구에서는 다양성 관리의 관점에서 여성 근로자의 직장생활의 질 향상 방안을 논의하고자 여성 근로자의 심리 특성, 직무 특성, 전이 특성 등의 선행요인과 직장생활의 질 간의 관계에 있어 조직 내 다양성 관리 전략의 역할을 규명하였다. ③ 구체적으로 선행요인 중 심리 특성은 스트레스, 우울감 등을 포함하여 구성하였으며, 직무 특성은 직무 적합성과 직무 만족도를, 전이 특성은 직장-일상 긍정적 전이와 직장-일상 부정적 전이 등을 포함하여 구성하였다. 더불어 이러한 선행요인과 직장생활의 질 간의 관계에 있어 조직 내 다양성 관리 전략의 역할을 규명하기 위해 다양성 관리 전략을 조절요인으로 설정하였으며, 포괄적 시각에서 다양성 관리 전략의 역할을 규명하고자 조절요인을 소극적 다양성 관리 전략과 적극적 다양성 관리 전략으로 구분하여 접근하였다. 소극적 다양성 관리는 외적 다양성을 포용하기 위한 전략으로 조직 내 인적자원관리에 있어 성평등의 실현 정도를 의미하며, 적극적 다양성 관리는 내적 다양성을 포용하기 위한 전략으로 일과 삶 균형(Work Life Balance) 정책의 적극적 구현 정도를 의미한다. 이에 ④ 본 연구에서는 "여성 근로자 개인이 경험하는 심리 특성, 직무 특성, 전이 특성 중에서 직장생활의 질 향상에 가장 중요한 역할을 하는 요인은 무엇인가?", "여성 근로자의 직장생활의 질 향상에 있어 조직의 다양성 관리 전략은 의미 있는 역할을 하고 있는가?"라는 두 가지 연구 질문을 바탕으로 실증 연구를 수행하여 ⑤ 다양성 관리의 관점에서 여성 근로자의 직장생활의 질 향상을 위한 이론적·정책적 함의를 제공하였다.

→ ②: 연구 목적을 구체적으로 기술함

→ ③: 연구의 내용을 구체적으로 제시함으로써 연구 범위를 한정함

→ ④: 연구 질문을 기술함

→ ⑤: 연구를 통한 기대효과를 간략히 언급함

자료: 여성연구 97(2)에 게재된 김선아·박성민(2018)의 연구논문 내용 일부 발췌

연구논문 사례 3(김선아 & 박성민, 2017)

연구 제목

– 인사혁신 전략 수립의 유형화와 최적화에 관한 탐색적 연구: 중앙행정
기관을 중심으로

연구 질문

– 정부 인사혁신에 있어 조직 특성을 반영하기 위한 적정 수준의 분류
기준은 무엇인가?

– 적정 분류 기준에 따른 중앙행정기관 유형별 최적화된 인사혁신 전략
은 무엇인가?

Ⅰ. 서론

국가와 시대를 막론하고 인사혁신은 정부혁신을 추진하는 데 있어
핵심 전략으로 이해되고 있다(김선아·박성민, 2016: 179). 국정운영의 핵심 주
체라 할 수 있는 공무원의 역량 및 행태 개선을 위한 인사혁신을 통해
정부혁신 활동의 지속가능성을 확보할 수 있기 때문이다(김선아·박성민,

2016; 2017). 이에 학문적·실무적 차원에서 인사혁신의 적실성을 향상시키기 위한 다양한 논의가 전개되고 있으며 이러한 논의는 주로 "바람직한 인사혁신의 실현을 위해 결과 차원에서 인사혁신의 방향은 어떠해야 할까?"와 "바람직한 인사혁신의 실현을 위해 과정 차원에서 인사혁신의 방향은 어떠해야 할까?" 등의 두 가지 질문을 중심으로 이루어지고 있다.

"바람직한 인사혁신의 실현을 위해 결과 차원에서 인사혁신의 방향은 어떠해야 할까?"에 관한 논의는 인사혁신의 궁극적 목적이 무엇인가에 관한 고민과 맞닿아 있다. 인사혁신은 정부의 인적자원관리체계를 발전적으로 변화시키기 위한 활동으로, 이러한 인사혁신의 궁극적 목적은 정부의 인적자원관리체계의 개선을 통해 정부 조직의 전문성 및 책임성 향상, 국민 행복 증진에 기여하는 데 있다. 다만 결과 차원에서 인사혁신의 방향이 어떠해야 하는가에 대해 보다 의미 있는 논의를 전개하기 위해서는 거시적 차원에서 인사혁신의 목적을 논의하는 것과 더불어 미시적 차원에서 인사혁신의 부문 및 기능별 차원의 전략적 인사혁신 목표가 무엇인가에 대한 논의가 이루어져야 한다. 부문 및 기능별 전략적 인사혁신 목표는 인사혁신 활동에 있어 앞으로 나아가야 할 방향을 알려주는 지도이자 나침반과 같은 역할을 담당하기 때문이다. 이때, 인사혁신의 부문 및 기능별 전략적 인사혁신 목표는 공공 인적자원관리체계를 둘러싼 상황적 맥락 등에 따라 달라질 수 있으므로 고정적 관점이 아닌 변동적 관점에서 접근해야 한다. 이에 인사혁신 패러다임의 변화를 비롯하여 시대적 흐름에 따라, 그리고 각국 정부가 처한 상황적 맥락에 따라 인사혁신의 부문 및 기능별로 지향해야 하는 전략적 인사혁신 목표가 무엇인가에 대한 논의는 지속적으로 이루어지고 있다.

① 그러나 이와 달리 "바람직한 인사혁신의 실현을 위해 과정 차원에서 인사혁신의 방향은 어떠해야 할까?"에 관한 논의는 매우 소극적으로 전개되어왔다. 해당 논의는 인사혁신의 전략을 수립하고 이를 시행하

는 과정에서 고려해야 하는 요소가 무엇인가에 관한 고민과 맞닿아 있다. 조직의 성과 향상에 기여하는 효과적인 인적자원관리 전략을 수립하기 위해서는 특정 조직이 처한 상황적 특수성에 대한 고려가 필요하다는 '상황적 관점(Contingency Approach)'과 조직 내에서 전략적 인적자원관리 체계의 구현에 있어 '정합성(Fit)'과 '유연성(Flexibility)' 간의 조화가 필요하다는 Wright & Snell(1998)의 논의는 정부의 인사혁신 전략을 수립하는 과정에서 조직적 특성의 고려가 필요하다는 메시지를 전해주고 있다. 특히 전략적 인적자원관리의 정합성과 유연성에 관한 Wright & Snell(1998)의 논의는 민간부문에서 이루어진 것이지만 정부의 인사관리 및 인사혁신 전략 수립에 있어 시사하는 바가 매우 크다. 만약 민간조직이라면 상황적 관점에 따라 기관의 최상위 비전과의 일치성을 해치지 않는 범위 내에서 개별 조직의 특성을 반영하여 해당 조직에 최적화된 맞춤형 인사관리 전략의 구현이 가능할 것이다. 그러나 공공조직의 경우 유연성의 맥락에서 조직의 특수성에 대한 고려도 필요하지만, 정합성의 맥락에서 기관의 최상위 비전과의 일치성에 대한 고려와 더불어 보다 거시적 관점에서 국정운영 목표와의 일치성까지도 고려해야 한다. 이처럼 공공부문에서의 인사관리 및 인사혁신은 1차적 정합성인 기관의 최상위 비전과 인적자원관리체계 간의 일치성과 더불어 2차적 정합성인 국정운영 비전과 정부 전체 인적자원관리체계 간의 일치성까지 고려해야 하기 때문에, 이러한 특수성으로 인해 개별 중앙행정기관이 갖고 있는 조직적 특성을 반영하여 모든 개별 기관별로 차별화된 맞춤형 인사혁신 전략을 구현하는 것은 바람직하지 않다.

→ ①: 연구 배경을 기술함

② 이에 본 연구는 상황적 관점, 그리고 유연성과 정합성 간의 조화

의 맥락에서 "정부 인사혁신에 있어 조직 특성을 반영하기 위한 적정 수준의 분류 기준은 무엇인가?"와 "적정 분류 기준에 따른 중앙행정기관 유형별 최적화된 인사혁신 전략은 무엇인가?"라는 두 가지 연구 질문을 바탕으로 수행하였다. ③ 이러한 연구 질문에 대한 해답을 얻기 위해 본 연구는 김선아·박성민(2017)의 연구 결과를 바탕으로 중앙행정기관의 전략적 인사혁신 목표에 대한 중요성 인식에 있어 차이를 유발하는 다양한 조직 특성을 핵심 기준요인으로 범주화하고, 해당 기준요인을 토대로 중앙행정기관을 유사 속성에 따라 유형화하여 각 유형별로 조직 특성을 반영한 최적화된 인사혁신 전략을 도출하였다. ④ 이를 위해 제2장에서는 인사혁신의 결과 및 과정 차원의 방향성에 대한 이론적 논의 및 관련 선행연구를 검토하였으며, 제3장에서는 본 연구의 분석의 틀을 토대로 연구 내용과 연구 방법에 대한 논의를 진행하였다. 다음으로 제4장에서는 정부 통계 자료 및 전문가 설문조사 자료를 바탕으로 정부 인사혁신에 있어 차이를 유발하는 다양한 조직 특성을 핵심 기준요인으로 범주화하고 이를 토대로 중앙행정기관을 유형화하였으며, 제5장에서는 분석 결과를 바탕으로 본 연구의 이론적·정책적 함의를 제시하였다.

→ ②: 연구 질문을 기술함
→ ③: 연구의 내용을 구체적으로 제시함으로써 연구 범위를 한정하고 이를 바탕으로 연구 목적을 구체적으로 제시함
→ ④: 서론 이후 논문의 구성에 대해 기술함

자료: 국정관리연구 12(4)에 게재된 김선아·박성민(2017)의 연구논문 내용 일부 발췌

제3장

〈문헌 검토〉의 이해

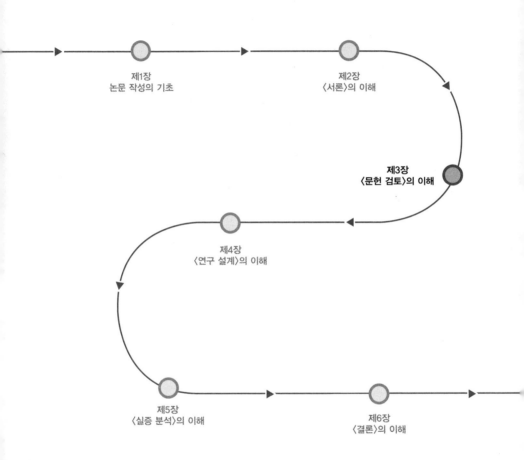

제1장
논문 작성의 기초

제2장
〈서론〉의 이해

제3장
〈문헌 검토〉의 이해

제4장
〈연구 설계〉의 이해

제5장
〈실증 분석〉의 이해

제6장
〈결론〉의 이해

〈문헌 검토〉의 의의

연구논문의 〈문헌 검토〉는 연구와 관련된 이론적·제도적 논의 및 선행연구 검토를 통해 연구의 논리적 근거를 제시하고 연구의 중요성 및 차별성을 강조하는 단계로 이해할 수 있다. 즉 〈문헌 검토〉 단계는 연구 주제와 관련된 이론 및 제도, 관련 선행연구에 대한 검토를 바탕으로 연구에서 논의하고자 하는 핵심 개념의 정의와 변수 간 관계를 설명하고, 유사 선행연구의 연구 내용, 연구 방법 측면의 특징과 주요 발견을 살펴봄으로써 자신의 연구가 어떠한 측면에서 중요성을 갖는지, 기존 연구와 어떠한 차별성을 갖는지에 대해 종합적으로 제시하는 것을 핵심으로 한다.

이에 연구논문의 〈문헌 검토〉는 ① 이론적 논의 및 제도적 논의, ② 선행연구 검토를 포함하게 되며, 이를 기반으로 ③ 본 연구의 차별성을 제시하는 것을 기본으로 한다. 그렇기 때문에 〈문헌 검토〉는 연구논문에서 '문헌 검토'라고 표현되기보다는 '이론적 논의 및 선행연구 검토' 혹은 '이론적·제도적 논의 및 선행연구 검토' 등의 표현을 활용하여 논문의 핵심적인 부분으로 구성된다.

문헌 검토의 유용성은 다음의 측면에서 살펴볼 수 있다. 첫째, 연구자는 문헌 검토 내용을 토대로 연구에서 논의하고자 하는 핵심 개념을 정의할 수 있다. 즉 문헌 검토의 내용을 토대로 연구자는 연구에서 논의하고자 하는 개념을 독자들이 이해하기 쉽게 구체적으로 정의할 수 있다. 둘째, 연구자는 문헌 검토를 통해 연구에 적용하고자 하는 이론 및 담론을 설명할 수 있다. 특히 자신이 수행하고자 하는 연구가 설명적 연구인 경우 연구자는 문헌 검토를 통해 자신의 연구에 적용할 수 있는 이론을 발견할 수 있고, 이를 연구에서 규명하고자 하는 변수들 간의 관계, 구조를 설명하는 논리적 근거로 활용하여 연구 모형을 도출할 수 있다. 셋째, 연구자는 문헌 검토를 통해 자신의 연구가 왜 중요한지, 기존의 연구와 비교할 때 어떠한 차별성을 갖는지 설명할 수 있다. 이 과정에서는 특히 선행연구를 검토하는 활동이 주요한 역할을 수행하게 된다. 연구자는 자신의 주제와 유사한 내용을 다루는 선행연구를 폭넓게 검토함으로써, 기존 연구에서는 핵심 개념을 어떻게 개념화 혹은 조작화했는지 살펴볼 수 있으며 연구의 대상, 방법, 내용 측면에서의 특징과 연구를 통해 발견한 새로운 사실들이 무엇인지도 살펴볼 수 있다. 이를 통해 연구자는 연구 대상, 연구 방법, 연구 내용 등의 측면에서 기존 연구가 갖는 한계점이 무엇인지 분석할 수 있고, 이를 기반으로 자신이 수행하는 연구가 어떠한 차별성과 중요성을 갖는지 설명할 수 있다.

이러한 내용을 종합할 때 연구논문의 〈문헌 검토〉는 연구자가 논의하고자 하는 핵심 개념과 변수 간 관계를 비롯하여 자신의 연구에서 다루고자 하는 연구 모형 혹은 분석의 틀에 대한 논리적 설명을 제공하고, 기존 선행연구에 대한 검토 내용을 기반으로 연구의 차별성과 중요성을 강조할 수 있다는 측면에서 그 중요성을 이해할 수 있다.

제2절

〈문헌 검토〉의 역할

연구논문에서 〈문헌 검토〉의 역할은 기존의 이론과 선행연구의 내용을 폭넓게 검토하여 연구자가 독자들에게 연구에서 논의하고자 하는 연구 주제와 핵심 개념에 대한 상세한 설명을 제공하는 ① 주요 개념 및 유사 연구에 대한 안내서이자, 기존 문헌으로부터 우수한 점을 수용하고 더 나은 연구로 나아가기 위한 포부를 담은 ② 자신이 수행할 연구에 대한 소개서로서의 역할을 수행한다. 이를 구체적으로 살펴보면 다음과 같다.

첫째, 〈문헌 검토〉는 기존 문헌에 대한 안내서로서의 역할을 수행한다. 이는 연구자가 이론적 논의 및 제도적 논의, 선행연구 검토를 풍부하게 진행한 후 이를 체계적으로 정리하여 설명해야 한다는 의미이다. 이를 통해 연구자는 기존 이론 및 제도, 선행연구 내용을 기반으로 자신이 연구에서 논의하고자 했던 연구 주제와 연구 모형의 논리적 타당성 및 당위성을 확보할 수 있다. 뿐만 아니라 독자들은 〈문헌 검토〉의 내용을 바탕으로 연구 주제 및 핵심 개념을 이해할 수 있고, 기존의 유사 연구는 어떻게 수행되었는지, 해당 연구가 갖는 중요성과 차별성은 무엇인지 이해할 수 있게 된다. 즉 연구자는 〈문헌 검토〉를 통해 기존 문헌의 우수성을 벤치마킹하여 자신이 수행할 연구의 논리적 타당성을 확보할 수 있고, 기존 문헌의 한계점을 분석하여 자신이 수행할 연구의 차별성을 강조하는 근거로 활용할 수 있다.

둘째, 〈문헌 검토〉는 자신이 수행할 연구에 대한 소개서로서의 역할을 수행한다. 이는 연구에서 다루고자 하는 핵심 개념을 연구자의 언어로 재정의하고, 연구에서 다루고자 하는 다양한 개념들 간의 관계성을 연구자의 관점에서 재정립할 수 있어야 한다는 의미이다. 이를 통해 연구자는 자신이 연구에서 논의하고자 하는 바를 명확하게 제시할 수 있고, 기존 선행연구와 자신이 수행할 연구의 차별성이 무엇인지를 제시할 수 있다. 즉 연구자는 〈문헌 검토〉를 통해 연구의 목적을 분명하게 제시할 수 있으며, 기존 연구와 비교할 때 자신의 연구가 갖고 있는 강점이 무엇인지를 제시함으로써 독자들로 하여금 연구의 중요성에 대한 공감을 확보할 수 있게 한다.

[그림 3-1] 연구논문에서 〈문헌 검토〉의 의의 및 역할

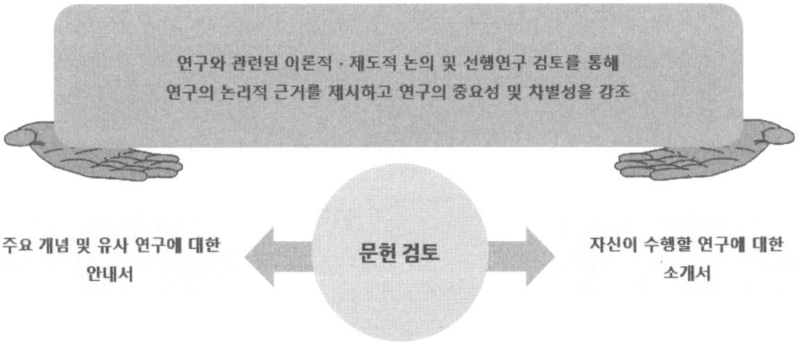

연구와 관련된 이론적 · 제도적 논의 및 선행연구 검토를 통해
연구의 논리적 근거를 제시하고 연구의 중요성 및 차별성을 강조

주요 개념 및 유사 연구에 대한
안내서

문헌 검토

자신이 수행할 연구에 대한
소개서

제3절

〈문헌 검토〉의 구조

Step 1: 이론적 논의 및 제도적 논의

연구 주제 혹은 연구에서 논의하고자 하는 핵심 개념과 관련된 이론
적 논의

- 거시적 맥락에서 연구 전반에 걸쳐 핵심 원리로 논의할 수 있는 주요
  이론 검토
- 미시적 맥락에서 연구에서 다루고자 하는 핵심 개념을 연구한 주요
  학자들의 논의 검토

연구 주제 혹은 연구에서 논의하고자 하는 핵심 개념과 관련된 제도
적 논의

- 기술적 맥락에서 도입 배경 및 목적, 현황 등 검토
- 비교적 맥락에서 타 부문, 타 국가 사례 검토

Step 2: 선행연구 검토

기존 선행연구의 검토를 통해 유사 연구의 경향성 및 특징 탐색
- 기존 선행연구의 경향성 탐색
  • 기존의 유사 연구는 어떠한 방식으로 연구에 접근하고 있는가?
  : 탐색적 연구 / 기술적 연구 / 설명적 연구
  • 기존의 유사 연구에서 발견한 내용은 어떠한 의의를 갖는가?
  : 이론적 중요성 / 정책적 중요성
- 기존 선행연구의 특징 탐색
  연구 대상 측면의 특징
  연구 방법 측면의 특징
  연구 내용 측면의 특징

기존 선행연구의 검토를 통해 한계점 논의
- 연구의 경향 측면에서 볼 때, 기존 선행연구의 접근 방식 및 함의 측면
  에서 미처 다루지 못한 것은 무엇인가?
- 연구의 특징 측면에서 볼 때, 기존 선행연구가 연구 대상, 방법, 내용
  측면에서 부족했던 점은 무엇인가?

Step 3: 개념 정의 및 변수 간 관계성 설명

개념 정의
- 이론적 논의 및 제도적 논의와 선행연구 검토 내용을 기반으로 연구
  에서 다루고자 하는 개념을 연구자의 언어로 재정의
- 이론적 논의 및 제도적 논의와 선행연구 검토 내용을 기반으로 연구

에서 논의하고자 하는 개념들 간의 관계성을 연구자의 관점으로 재
정립

변수 간 관계성 설명
- 이론적 논의 및 제도적 논의와 선행연구 검토 내용을 기반으로 연구
  에서 다루고자 하는 변수 간 관계성 설명
- 만약 문헌 검토를 통해 연구자가 설정하고자 하는 변수 간 관계성을
  지지하는 내용과 지지하지 않는 내용이 공존하고 있음을 발견한 경
  우, 연구자는 자신이 설정한 변수 간 관계성에 대해 설득력 있는 논의
  를 제시해야 함

Step 4: 본 연구의 차별성 제시

연구의 경향 측면에서 기존 선행연구와의 차별성 제시
- 접근 방식과 관련하여 기존 선행연구와 다른 새로운 접근 방식을 통
  해 새로운 학문적 발견에 기여
- 연구 목적과 관련하여 기존 선행연구에서 다루지 못한 새롭고 중요한
  내용을 다룸으로써 보다 발전적인 이론적·정책적 함의를 제시하는 데
  기여

연구의 특징 측면에서 기존 선행연구와의 차별성 제시
- 연구의 대상, 방법, 내용 측면에서 기존 선행연구의 한계점을 극복함
  으로써 연구의 논리적 타당성 향상에 기여

[그림 3-2] 연구논문에서 〈문헌 검토〉의 구조

이론적 논의 및 제도적 논의

↓

선행연구 검토

↓

개념 정의 및 변수 간 관계성 설명

↓

본 연구의 차별성 제시

제4절

〈문헌 검토〉 연구논문 사례 분석

연구논문 사례 1(김선아 & 박성민, 2019)

연구 제목
- 균형인사정책을 통한 대표성 강화가 사회적 가치 확산에 미치는 영향에 관한 연구

연구 질문
- 균형인사정책의 정책 성과로서 사회적 가치의 구성 요소는 무엇인가?
- 균형인사정책을 통한 공직 내 여성, 장애인, 이공계, 지역인재, 저소득층의 소극적 대표성(구성론적 대표성) 및 적극적 대표성(역할론적 대표성) 강화가 사회적 가치 확산에 기여할 수 있는가?

Ⅱ. 이론적·제도적 논의 및 선행연구 검토

1. 균형인사정책과 사회적 가치에 관한 이론적·제도적 논의

① 균형인사정책은 대표관료제(Representative Bureaucracy) 이론을 한국적 맥락에서 해석하여 제도화한 것이다. 대표관료제는 성별, 지역, 인종과 같은 인적 특성 측면에서 일반 사회의 인적 특성과 공직의 인적 특성을 유사하게 구성하면 이들이 공직에서 자신이 속한 집단을 대표하는 역할을 수행함으로써 행정의 대표성 향상에 기여할 것이라는 믿음을 바탕으로 탄생하게 된 제도이다(Kingsley, 1944; 유민봉·박성민, 2014; 박성민, 2017). 즉 공직을 일반 사회의 인적 특성을 대표할 수 있도록 '구성'하면 각각의 인적 특성을 대표하는 공무원이 행정 및 정책 과정에서 소속 집단의 이해와 이익을 대변하는 '역할'을 수행하게 되고, 이를 통해 행정의 민주성 및 대응성, 사회적 형평성 실현을 기대할 수 있다는 것이 대표관료제의 핵심 내용이다.

→ ①: 이론적 맥락에서 균형인사정책의 이론적 기반인 대표관료제에 대해 설명

② 따라서 균형인사정책의 기대효과는 구성론적 대표성과 역할론적 대표성 강화로 이해할 수 있다(Mosher, 1982; Selden, 1997). 구성론적 대표성 강화는 공직의 인적 구성이 일반 사회의 인적 구성과 유사하게 구성될 수 있도록 선발 과정에서 소외 계층에 대한 차별을 철폐하고 공정한 채용 기회 제공을 통해 가능해지며, 역할론적 대표성 강화는 일반 사회의 각 계층을 대표하는 공무원이 공직을 수행하는 과정에서 소속 집단의 이익을 대변하는 역할을 수행할 수 있도록 주요 보직에 배치하거나 관리

직급으로 승진하는 방법 등을 통해 가능해진다(박성민, 2017; 김선아·박성민, 2018). 이에 대표관료제의 기대효과를 논의하는 데 있어 구성론적 대표성은 소극적 관점에서의 대표성 실현을 의미하므로 소극적 대표성(Passive Representation), 역할론적 대표성은 적극적 관점에서의 대표성 실현을 의미하므로 적극적 대표성(Active Representation)이라 부른다.

→ ②: 제도적 맥락에서 균형인사정책의 목적에 대해 설명

　　③ 우리나라의 균형인사정책은 이러한 대표관료제의 이념을 담아 여성, 장애인, 이공계, 지역인재, 저소득층을 대상으로 운영하고 있다. 또한 '제1차 균형인사 기본 계획(2018~2022)'에서는 저소득층과 함께 북한이탈주민, 다문화가정 2세를 사회통합형 인재로 정의하고 향후 북한이탈주민과 다문화가정 2세의 공직 채용 및 활용 방안 마련을 위한 논의를 담고 있다. 특히 기존의 정부에서는 균형인사정책의 기대효과를 논의함에 있어 공직 내에서 여성, 장애인, 이공계, 지역인재, 저소득층의 소극적 대표성 및 적극적 대표성 강화를 강조하였으나, 문재인 정부는 대표성 강화에서 머무르는 것이 아니라 능동적 관점에서 사회적 가치(Social Value)의 실현을 강조하고 있다.

→ ③: 제도적 맥락에서 우리나라에서 시행 중인 균형인사정책의 세부 프로그램을 설명

　　④ 본래 사회적 가치(Social Value)란 경제적 가치(Economic Value)에 대응하는 개념으로 빈곤, 불평등, 계층 간 불균형과 갈등, 양극화, 환경오염 등 자본주의의 심화로 인해 발생하는 부작용에 대한 대안으로 등장한 사회적 기업, 사회적 경제의 지향점으로 논의되던 개념이었다(Wheeler, 2005; Smith et al., 2013; Wry & York, 2017; Siegner et al., 2008; 이승규·라준영, 2013; 김호철·정석, 2016: 162; 김정인, 2018: 59~60 ; 이명진·천희주, 2018: 116; 이양복, 2018). 이에 사

회적 기업과 사회적 경제의 효과성 측면에서 사회적 가치에 대한 논의가 활발하게 진행되어왔다. 하지만 이러한 활발한 논의에도 불구하고 현재까지 사회적 가치에 대한 개념 정의는 분명하게 이루어지지 못하고 있는 상황이다. 이에 사회적 가치에 대한 개념적 이해를 위해 주요 법안에서 다루고 있는 사회적 가치의 개념을 살펴보면, 2014년에 최초 발의된 「공공기관의 사회적 가치 실현에 관한 기본 법안」에서는 사회적 가치를 "사회·경제·환경·문화 등 모든 영역에서 공공의 이익과 공동체의 발전에 기여할 수 있는 가치"로 개념화하였다. 또한 「사회적 경제 기업 법안」에서는 사회적 가치를 "고용 창출이나 노동조합, 사회서비스 공급, 지역사회 재생, 공동체의 이익 실현, 환경적 지속가능성 등 노동, 복지, 인권, 환경 차원에서 공동체에 제기되는 문제를 해결하는 과정에서 생겨나는 재정적·비재정적 편익을 이룸"이라고 개념화하였다. 이와 더불어 사회적 가치의 개념을 논의한 국내 학자들의 연구를 살펴보면, 윤수정(2018)은 사회적 가치와 관련된 국제기구의 지침 검토를 통해 사회적 가치가 인권, 안전, 노동, 보건, 복지, 사회적 취약계층 지원, 상생협력, 지역경제, 일자리, 공동체 복원, 환경지속성 등과 밀접한 연관이 있는 개념이라고 설명하였다(윤수정, 2018: 200). 그리고 김정인(2018)은 사회적 가치의 개념을 논의하는 데 있어 사회적 약자에 대한 배려와 보호, 사회적 목적과 공동체 이익의 실현이 핵심 요소라고 설명하였다(김정인, 2018: 59~61).

→ ④: 주요 법안 및 연구자가 제시한 사회적 가치의 개념을 제시

⑤ 이러한 논의를 종합할 때 사회적 가치란 공동체(사회)에 의해 부여되고 공유되는 가치로 '공공 가치'와 유사한 개념으로 이해할 수 있었다. '공공 가치'는 공공조직의 존재 이유를 설명하는 최상위 가치로서 자유, 평등, 형평성, 민주성 등을 포괄하는 개념이며, '사회적 차원의 공공 가

치'는 사회 구성원들에게 필요한 가치를 인지하고 이를 사회에 환원하는 과정을 거쳐 국정운영의 작동원리이자 행정과 공무원이 지향해야 할 궁극적 목표로 자리 잡고 있는 가치이다(박성민, 2017). 이러한 맥락에서 '제1차 균형인사 기본 계획(2018~2022)'에 담겨 있는 균형인사정책의 비전이 '차별 없는 균형인사를 통한 사회적 가치 실현'이고, 세부 전략이 ① 공직 내 다양한 인재를 통한 정책 대표성 향상, ② 차별 없는 인사관리로 형평성 제고, ③ 다양성 관리를 통한 정부역량 강화 등이라는 점을 고려할 때, 균형인사정책의 지향적으로 논의되는 사회적 가치는 대표관료제 관점에서 강조하는 대표성, 형평성, 민주성 등과 더불어 다양성, 신뢰성, 사회통합성 등의 가치를 포용하는 상위 개념으로 이해할 수 있었다.

→ ⑤: 앞서 살펴본 사회적 가치에 대한 개념 이해를 기반으로, 연구자의 언어로 사회적 가치의 개념 재정의

〈우리나라의 균형인사정책〉

구분	제도
여성 대상 균형인사정책	• 양성평등 채용목표제 - 5급·7급·9급 공개경쟁채용시험 및 외교관 후보자 선발시험 중 선발예정인원이 5명 이상인 시험을 대상으로 적용 - 특정 성비의 최소 채용 비율(30%) 준수 • 여성 관리자 임용목표제 - 2022년까지 고위공무원단 여성 비율 10%로 확대(2017년: 6.5%) - 2022년까지 본부 과장급 여성 비율 21%로 확대(2017년: 14.8%) ※ 기타 노력: 업무 영역별 성별 불균형 해소, 일과 삶 균형정책 확대
장애인 대상 균형인사정책	• 장애인 의무고용제 - 전체 소속 공무원 정원의 3.2% 이상 장애인 고용(2019년: 3.4%로 확대) • 장애인 구분모집제 - 2019년부터 7급 및 9급 공개경쟁채용 시 선발예정인원의 장애인 구분모집 비율 확대(2017~2018년: 6.4%) ※ 기타 노력: 중증장애인 공직 진출 확대 및 근무 환경 개선

이공계 대상 균형인사정책	• 고위공무원 이공계 인재 확대 계획 - 2022년까지 고위공무원단 이공계 비율 30%로 확대(2017년: 21.1%) • 5급 이공계 인재 신규채용 확대 계획 - 2022년까지 5급 신규채용 시 이공계 인력 40%로 확대(2017년: 33.2%)
지역인재 대상 균형인사정책	• 지역인재 추천채용제 - 7급 공무원 공개경쟁채용의 경우 2022년까지 선발예정인원의 20%를 전국 대학 졸업자(예정자) 대상으로 지역인재 선발(2017년: 18%) - 9급 공무원 공개경쟁채용의 경우 2022년까지 선발예정인원의 10%를 특성화고·마이스터고·전문대학 졸업자(예정자) 대상으로 지역인재 선발(2017년: 7%) • 지방인재 채용목표제 - 5급 공개경쟁채용시험 및 외교관 후보자 선발시험에서 선발예정인원의 20% 지방인재 채용 목표 - 7급 공개경쟁채용시험에서 선발예정인원의 30% 지방인재 채용 목표
저소득층 대상 균형인사정책	• 저소득층 구분모집제 - 9급 공개경쟁채용 시 2%, 9급 경력경쟁채용 시 1%를 저소득층 구분모집 - 구분모집 비율 및 적용시험 확대 검토 논의(7급·9급: 2.5%)

자료: 인사혁신처(2018a; 2018b)

2. 균형인사정책 관련 선행연구 검토

우리나라의 경우 문민정부에서 최초로 여성 채용목표제를 실시하면서 균형인사정책에 대한 논의가 시작되었고, 이후 참여정부에서 균형인사정책에 대한 적극적인 논의가 이루어지면서 여성, 장애인, 이공계, 지역인재 대상의 균형인사정책이 체계화되었다. 이후 이명박 정부에서 저소득층 대상의 균형인사정책을 실시하면서 현재의 형태를 갖추게 되었다. 이러한 흐름에 따라 참여정부 시절부터 인사행정 분야에서 균형인사정책과 관련된 연구가 활발하게 진행되었다. ⑥ 균형인사정책과 관련된 선행연구는 균형인사정책의 제도적 문제점을 진단하여 발전 방향을 제시한 연구와, 균형인사정책의 성과 및 성과 인식에 영향을 미치는 요인을 규명한 연구 등 두 가지 형태로 구분하여 살펴볼 수 있었다.

먼저, 균형인사정책의 문제점을 진단하고 발전 방향을 논의한 연구는 김동원(2007), 박홍엽(2008; 2009a; 2009b), 오시영(2009) 등의 연구가 있었고 이를 구체적으로 살펴보면 다음과 같다. 김동원(2007)의 연구에서는 지역인재 추천채용제의 제도적 문제점을 진단하고 발전 방향을 제시하였다. 해당 연구는 지역인재 추천채용제의 문제점으로 실효성의 문제, 역차별의 문제, 정실임용의 위험성 등을 지적하였고, 개선 과제로 임용 예정 직급의 상향, 전문 자격요건의 강화, 선발 절차의 정비 등이 필요함을 강조하였다. 그리고 박홍엽(2008; 2009a; 2009b)은 여성, 장애인, 이공계 균형인사정책의 제도적 문제점을 진단하고 발전 방향을 제시하는 연구를 지속적으로 진행했다. 2008년 연구에서는 현황 분석 및 설문조사를 통해 이공계 균형인사정책의 제도적 문제점을 진단하고 발전 방향을 제시하였다. 해당 연구는 이공계 균형인사정책의 문제점으로 승진 및 보직 경쟁에 있어 행정직 대비 기술직의 불이익, 임용부처 및 임용 직위의 편중, 기술직 채용 인원의 부족 및 기술직 공무원의 이원적 활용, 우수 이공계 인재(과학기술 인력) 유치를 위한 인센티브 미흡, 이공계 출신 공무원의 정책·관리 역량 배양을 위한 교육훈련의 부족 등을 지적하였다. 이에 대한 개선 과제로 기술직 신규채용 확대, 핵심부처 및 핵심 직위에서의 기술직 임용 확대, 기술직의 직군·직렬 분류체계 개선과 직급 통합, 인센티브 확대 및 교육훈련 강화 등이 필요함을 강조하였다. 이후 2009년 연구 중 여성 균형인사정책을 주제로 진행한 연구에서는 문헌 검토 및 현황 분석과 공무원 인사담당자 대상 인터뷰, 설문조사를 통해 양성평등 균형인사정책의 제도적 문제점을 진단하고 발전 방향을 제시하였다. 해당 연구는 양성평등 균형인사정책의 문제점으로 여성의 경제활동 참가율보다 낮은 여성 공무원 비율, 여성 공무원의 하위직 편중, 정무직 및 일반직에서 낮은 여성 공무원 비율 등을 지적하였고, 개선 과제로 출산·육아 관련 인사관리 및 복지체계 확대, 유연근무제 확대 및 대체인력 충원, 특정 부처 및 부서에서의 여성 집중 완화, 여성 공무원에 대한 차별적 인식 개선 등이 필요함을 강조하였다. 또한 2009년 연구 중 장애인 균형인사정책을 주제로 진행한 연구에서는 현황 분석과 설문조사를 통해 장애인 균형인사정책의 제도적 문제점을 진단하고 발전 방향을 제시하였다. 해당 연구는 장애인 균형인사정책의 문제점으로 경증 장애인 위주의 공무원 채용, 관리직급에서 낮은 장애인 공무원 비율, 장애인 고용정책을 법적 의무사항이 아닌 권장사항으로 인식하는 상황 등을 지적하였고, 개선 과제로 장애인 공무원에 대한 교육훈련 강화, 장애인 의무고용률 미준수 기관에 대한 법적 이행장치 강화, 장애인 구직자에 대한 인력풀 작성 및 구인구직 연계 강화, 중증장애인 고용 촉진을 위한 우대조치 마련 등이 필요함을 강조하였다. 이와 함께 오시영(2009)의 연구에서는 현황 분석과 설문조사 및 심층면접을 통해 양성평등 균형인사정책의 제도적 문제점을 진단하고 발전 방향을 제시하였다. 해당 연구는 양성평등 균형인사정책의 문제점으로 양성평등 채용목표제 적용의 필요성 수준이 직렬별로 다르게 나타나며, 상위 직급으로 올라갈수록 여성 공무원 승진 임용비율이 낮아질 뿐만 아니라 남성과 비교할 때 상대적으로 승진 소요기간이 길어지고 있다는 점 등을 지적하였고, 개선 과제로 양성평등 채용목표제의 직렬별 차등 적용, 한시적 여성 공무원 승진제도 도입, 성비 균형을 고려한 인사위원회 구성 등이 필요함을 강조하였다.

다음으로 균형인사정책의 성과 및 성과 인식에 영향을 미치는 요인을 규명한 연구는 진종순(2009), 서일준 외(2014), 김선아·박성민(2018) 등의 연구가 있었고 이를 구체적으로 살펴보면 다음과 같다. 먼저 진종순(2009)의 연구에서는 현황 분석 및 설문조사를 통해 균형인사정책의 4개 세부 제도별(양성평등 균형인사정책, 장애인 균형인사정책, 이공계 균형인사정책, 지역인재 균형인사정책) 효과성(수동적 대표성 및 적극적 대표성)을 평가하였다. 해당 연구에서는 실증 분석을 통해 전반적으로 균형인사정책이 수동적 대표성 및 적극적 대표성 확보에 긍정적인 영향을 미치고 있음을 보여주었다. 다만 세부 제도 중 양성평등 균형인사정책, 장애인 균형인사정책, 이공계 균형인사정책의 성과에 대해서는 긍정적 인식이 상대적으로 높게 나타난 반면, 지역인재 균형인사정책에 대해서는 부정적 인식이 상대적으로 높게 나타나고 있어 제도별로 인식 수준에 차이가 있음을 확인할 수 있었다. 그리고 서일준 외(2014)의 연구에서는 설문조사를 통해 균형인사정책의 성과(소극적 대표성 및 적극적 대표성) 인식에 영향을 미치는 요인을 규명하였다. 해당 연구에서는 실증 분석을 통해 균형인사정책 성과 인식에 영향을 미치는 요인으로 시민단체의 관심, 제도의 적절성, 정책 담당자의 수용성, 시민사회 관심도 등을 제시하였다. 또한 김선아·박성민(2018)의 연구에서는 중앙행정기관 공무원 대상 설문조사를 통해 표본을 균형인사정책의 수혜 집단과 비수혜 집단으로 구분하여 균형인사정책의 5개 세부 제도별(양성평등 균형인사정책, 장애인 균형인사정책, 이공계 균형인사정책, 지역인재 균형인사정책, 저소득층 균형인사정책 등) 수용성이 1차 성과인 소극적 대표성 확보와 2차 성과인 적극성 대표성 확보 인식에 미치는 영향력을 규명하였다. 해당 연구에서는 실증 분석을 통해 균형인사정책의 수혜 집단인지, 비수혜 집단인지에 따라 균형인사정책의 수용성 및 성과 인식 수준이 다르며, 균형인사정책에 대한 수용성이 성과 인식에 미치는 영향력 또한 차이가 있음을 보여주었다.

→ ⑥: 균형인사정책에 관한 유사 선행연구의 연구 경향성 분석 및 주요 연구의 특성(내용 및 결론)을 요약하여 제시

이처럼 선행연구 검토를 통해 균형인사정책의 발전 및 성과 향상을 위한 다양한 연구들이 수행되고 있음을 확인할 수 있었다. ⑦ 다만 두 가지 측면에서 기존 선행연구의 한계를 살펴볼 수 있었기에, 선행연구의

한계를 바탕으로 본 연구의 차별성을 제시하면 다음과 같다. 첫째, 선행 연구는 현재 시행되고 있는 균형인사정책의 5개 세부 제도를 모두 다루 기보다는 1개의 특정 제도를 중점적으로 다루거나, 5개 세부 제도 중 가 장 최근에 도입된 저소득층 균형인사정책을 제외한 채 논의를 진행하고 있음을 확인할 수 있었다. 이에 본 연구에서는 균형인사정책의 정책 결 과와 정책 성과를 논의함에 있어 현재 시행되고 있는 균형인사정책의 5 개 세부 제도를 통합적으로 다루고자 한다. 둘째, 선행연구는 균형인사 정책의 성과를 논의함에 있어 대표관료제의 관점에서 소극적 대표성 및 적극적 대표성 강화를 핵심 요인으로 다루며, 이외의 다양한 가치들을 담아내지 못하고 있음을 확인할 수 있었다. 이에 본 연구에서는 균형인 사정책의 1차 산출물로 소극적 대표성 및 적극적 대표성을 다루었고, 2 차 산출물로 사회적 가치를 다루었다. 이를 바탕으로 균형인사정책을 통 한 공직 내 여성, 장애인, 이공계, 지역인재, 저소득층의 소극적·적극적 대표성 강화가 형평성, 민주성, 대응성, 신뢰성, 사회통합성과 같은 사회 적 가치 확산에 기여하는가를 실증적으로 규명하였다.

→ ⑦: 기존 선행연구의 한계점을 제시하고 이를 기반으로 본 연구의 차별성 제시

자료: 한국행정논집 31(2)에 게재된 김선아·박성민(2019)의 연구논문 내용 일부 발췌

연구논문 사례 2(김선아 & 박성민, 2018)

연구 제목
- 여성 근로자의 직장생활의 질 향상을 위한 연구 : 조직 내 다양성 관리 전략의 역할 검증을 중심으로

연구 질문

- 여성 근로자 개인이 경험하는 심리 특성, 직무 특성, 전이 특성 중에서 직장생활의 질 향상에 있어 가장 중요한 역할을 하는 요인은 무엇인가?
- 여성 근로자의 직장생활의 질 향상에 있어 조직의 다양성 관리 전략은 의미 있는 역할을 하고 있는가?

II. 이론적 논의 및 선행연구 검토

1. 이론적 논의

1) 직장생활의 질

① '직장생활의 질(Quality of Work Life)'은 개인이 직장생활을 통해 경험하게 되는 심리적·정서적 차원의 만족도(Satisfaction) 및 안녕감(Well-Being)을 의미한다(Danna & Griffin, 1999: 박성민·김선아, 2015, 박성민, 2017). 직장생활의 질은 일상생활의 질과 함께 '삶의 질(Quality of Life)'의 구성 요소로 이해할 수 있으며 직무 만족, 조직 만족, 조직 몰입 등을 포괄하는 상위 요소로 이해할 수 있다. Nadler & Lawler(1983)는 직장생활의 질 개념을 정의하는 다양한 관점을 소개하면서 지배적인 관점 중 하나로 직장생활의 질 개념이 업무의 성격 및 개인과 조직 간의 관계에 대한 인식적 특성이라고 설명하였으며, Danna & Griffin(1999)은 직장생활의 질이 위계적 차원으로 구성되어 있음을 설명하면서 가장 상위 차원에 직장생활 전반에 대한 만족도가 위치해 있고, 중간 수준은 직무 만족도, 가장 하위 수준은 급여, 동료, 리더에 대한 만족도와 근로 환경에 대한 만족도 등 직무 특성 및 근무 환경에 대한 만족도 등으로 구성되어 있다고 설명하였다

(Nadler & Lawler, 1983: 22; Danna & Griffin, 1999: 361~374). 유사한 맥락에서 Sirgy et al.(2001)도 직장생활의 질을 조직 구성원으로서 경험할 수 있는 활동과 활용 가능한 조직적 지원에 대한 만족도라 정의하면서 직무 만족과 조직 몰입 등을 포괄하는 상위 개념이라 설명하였으며, Gallie(2009)는 직장생활의 질을 본질적으로 직장 내에서 개인이 경험하는 직무 특성 및 조직 환경과 관련된 심리적·정서적 개념이라고 설명하였다(Sirgy et al., 2001; Gallie, 2009: 4). 이처럼 직장생활의 질 개념을 논의하고 있는 학자들의 시각을 종합해보면, 직장생활의 질 개념은 직무 만족 및 조직 몰입 등 기존의 조직 효과성 변수를 포괄하는 상위 개념으로 이해할 수 있다.

→ ①: 다양한 연구에 대한 검토를 바탕으로 연구의 핵심 개념인 '직장생활의 질' 개념 및 특성에 대해 설명

   ② 인사관리 및 조직관리에서 직장생활의 질 개념은 이론적 관점에서 전이 이론(Spillover Theory)을 토대로 그 중요성을 살펴볼 수 있다. '전이 이론'은 특정 영역에서의 태도와 감정이 완전히 다른 영역에서의 태도와 감정에까지 영향을 미친다고 보는 이론이다(Crouter, 1984). 개인의 삶의 질은 다양한 차원에서의 욕구 충족의 정도 및 만족도에 의해 결정되는데, 전이 이론의 관점에서 볼 때 직장생활에서 개인의 긍정적 혹은 부정적 감정이 가족생활과 여가 생활 등을 포함하는 비직장생활의 영역, 즉 일상생활의 영역에까지 영향을 미칠 수 있기 때문에 직장생활의 질에 대한 관리는 개인의 삶의 질 향상을 위한 핵심 과제로 이해할 수 있다. 이와 더불어 관리적 관점에서 직장생활의 질 개념은 조직 구성원의 인지적·행태적 측면과 조직 효과성 측면에서 긍정적 특성을 강화하고 부정적 특성을 예방한다는 차원에서 그 중요성을 살펴볼 수 있다. 다수의 선행연구를 통해 직장생활의 질이 직무 만족(Job Satisfaction), 직무 관여(Job Involvement), 조직 몰입(Organizational Commitment) 등의 긍정적 행태와는

정(+)의 상관관계를 형성하고 있으며 이직 의도(Turnover Intention), 결석률(Absenteeism), 사고율(Accident), 직장 폭력(Workplace Violence) 등의 부정적 행태와는 부(-)의 상관관계를 형성하고 있다는 점이 증명되었기 때문이다(Danna & Griffien, 1999; Sirgy et al., 2001; UN, 2013; OECD, 2017; 박성민·김선아, 2015).

→ ②: 전이 이론을 기반으로 인사관리 및 조직관리에서 '직장생활의 질' 연구의 중요성에 대해 설명

2) 다양성 관리

③ '다양성 관리(Diversity Management)'란 사회 및 조직 속에 존재하는 '다름'을 포용하기 위한 관리적 활동을 포괄하는 용어로, 인사관리 및 조직관리에서 논의되는 다양성 관리는 인적자원관리 프로세스 전반에 걸쳐 조직 구성원들이 갖고 있는 이질성에 대한 차별을 근절하고 이러한 이질성을 존중하는 관리 활동을 의미한다. 조직 구성원 간에 존재하는 이질성은 성별, 인종, 장애 유무 등 표면적 차원(Surface Level)의 외적 다양성(External Diversity)과 성격, 선호, 문화적 배경 등 심층적 차원(Deep Level)의 내적 다양성(Internal Diversity) 등 두 가지 유형으로 구분하여 살펴볼 수 있다(유민봉·박성민, 2014; 박성민·김선아, 2015). 초기의 다양성 관리는 여성에 대한 차별 철폐, 흑인에 대한 차별 철폐 등 표면적 차원의 외적 다양성을 관리하는 것에 중점을 두었으나, 사회의 풍요로움을 평가하는 데 있어 개개인의 행복 수준과 같이 심리적 지표를 강조하게 되면서 다양성의 개념이 외적 다양성에서 내적 다양성으로 확장되었고 이로 인해 다양성 관리의 영역 또한 확대되었다. 이에 현재의 다양성 관리는 외적 다양성을 중심으로 선발 과정에서 사회적 소수 집단에 대한 차별을 철폐하는 활동에서 한 발 더 나아가 내적 다양성을 중심으로 선발 과정뿐만 아니라 교육·훈련, 유지·활용, 평가·보상 등 인사관리 전 과정에서 다름을 존중하고 포용하는 활동으로 확대되었다. 이에 다양성 관리의 대

상 범위를 '외적 다양성'으로 한정한 소극적 다양성 관리(Passive Diversity Management)는 채용 과정에서 사회적 소수 집단에 대한 차별을 철폐하여 '사회적 형평성을 구현'하는 것에 관리 목표를 두는 한편, 관리의 대상 범위를 '내적 다양성'까지 확대한 적극적 다양성 관리(Active Diversity Management)는 외적 다양성에 대한 차별 철폐뿐 아니라 내적 다양성에 대한 존중과 포용을 통해 조직 구성원들의 '삶의 질을 향상'하는 것에 관리 목표를 두고 있다(Dickens, 1994: 261; Liff & Wajcman, 1996; French, 2001; Doherty, 2004: 436; 유민봉·박성민, 2014; 박성민, 2017). 이에 소극적 다양성 관리 정책은 여성 채용할당제, 장애인 의무고용제, 저소득층 채용할당제 및 공공조직의 균형인사정책 등 인사관리 프로세스 전반에 존재하는 특정집단에 대한 차별을 철폐하기 위한 정책으로 제도화되어 운영되고 있으며, 적극적 다양성 관리 정책은 조직 구성원의 삶의 질을 향상시키기 위한 일과 삶 균형정책으로 제도화되어 운영되고 있다(유민봉·박성민, 2014).

→ ③: 다양한 연구에 대한 검토를 바탕으로 연구의 핵심 개념인 '다양성 관리' 개념 및 특성에 대해 설명

④ 인사관리 및 조직관리에서 다양성 관리는 이론적 관점에서 정보·의사결정 이론(Information and Decision Making Theory)을 토대로 그 중요성을 살펴볼 수 있다. 정보·의사결정 이론은 업무 단위 내의 다양성 수준이 정보를 처리하고 결정을 내리는 데 영향을 미칠 것이라는 특성에 기반을 두고 있다(Gruenfeld et al., 1996; Perry & Christensen, 2015: 371). 정보·의사결정 이론을 토대로 조직 내 의사결정 과정에서 다양성의 역할을 검증한 연구들을 종합해보면, 일반적으로 개인들은 자신과 이질적인 특성을 가진 사람보다는 자신과 유사한 속성을 가진 사람과 더 많은 의사소통을 하려는 경향을 갖고 있지만 이질성을 가진 집단에 속하게 됨으로써 자신과 다른 이질적인 타인과도 네트워크를 형성하게 되고, 이렇게 형성

된 정보망을 통해 지식을 획득하고 공유하면서 조직의 성과를 향상시킬 수 있다고 주장한다. 즉 유사한 사람들로 구성되어 단일한 속성을 갖고 있는 집단보다 이질적인 사람들로 구성되어 다양한 속성을 갖고 있는 집단에 소속된 구성원들이 여러 방면으로 보다 넓은 인적 네트워크를 보유하게 되고, 이러한 네트워크가 정보와 지식 공유 채널로서의 역할을 수행하게 되면서 개인적 차원에서는 새롭고 다양한 관점을 가질 수 있어 문제해결 능력이 향상되고 조직적 차원에서는 창의성 및 혁신성 등이 향상될 수 있다고 설명한다(Tziner & Eden, 1985; Thomas, 1990; Jehn et al., 1999; Mcevily & Zaheer, 1999). 이와 더불어 관리적 차원에서 다양성 관리 활동은 조직 구성원들의 직장생활의 질을 포함하여 삶의 질 향상에 있어 핵심 역할을 수행한다는 측면에서 그 중요성을 살펴볼 수 있다. 다양성 관리의 대상이 외적 다양성에서 내적 다양성으로 확대되면서 이러한 다양성을 포용적으로 관리하기 위한 적극적 다양성 관리 활동이 '일과 삶 균형정책'으로 구체화되었고, 일과 삶 균형정책의 구현을 통해 조직 구성원들의 직장생활의 질과 일상생활의 질을 통합적으로 관리하면서 개개인의 삶의 질 향상을 기대할 수 있기 때문이다.

→ ④: 정보·의사결정 이론을 기반으로 인사관리 및 조직관리에서 '다양성 관리' 연구의 중요성에 대해 설명

2. 선행연구 검토

인사관리 및 조직관리에서 개인과 조직의 효과성 증진을 위한 선결조건으로 직장생활의 질 향상의 중요성이 강조되면서 조직 구성원의 직장생활의 질 향상 요인을 규명하기 위한 연구가 다양한 관점에서 수행되고 있다. ⑤ 본 연구에서는 직장생활의 질 개념을 직장생활을 통해 경험하게 되는 심리적·정서적 차원의 만족도(Satisfaction)라는 포괄적 특성으

로 정의하였고, 이와 관련된 선행연구를 검토한 결과 직장생활의 질과 관련된 연구는 여성 및 남성 근로자 모두를 대상으로 성별 보편성의 관점에서 직장생활의 질 향상 방안을 논의한 연구와 여성 근로자만을 대상으로 성별 특수성의 관점에서 직장생활의 질 향상 방안을 논의한 연구 등 크게 두 가지 유형으로 구분하여 살펴볼 수 있었다.

→ ⑤: '직장생활의 질' 개념을 연구자의 언어로 재정의하고, 유사 선행연구의 연구 경향성을 분석하여 '직장생활의 질'에 영향을 미치는 다양한 요인을 탐색

우선, 성별 보편성의 관점에서 여성 근로자와 남성 근로자 모두를 대상으로 수행된 선행연구를 통해 직장생활의 질 선행요인을 심리 특성, 직무 특성, 전이 특성, 조직 특성 등 4개 차원으로 유형화할 수 있었다. 첫째, 직장생활의 질의 핵심 선행요인으로 '심리 특성'을 다루고 있는 연구에서는 심리 특성을 스트레스, 우울증, 자아존중감, 자기효능감 등으로 세분화하여 제시하였으며, 분석 결과를 종합할 때 스트레스 및 우울증 등과 같은 부정적 심리 특성은 직장생활의 질에 부(-)의 영향을 미치고 자아존중감, 자기효능감 등과 같은 긍정적 심리 특성은 직장생활의 질에 정(+)의 영향을 미치는 것을 확인할 수 있었다.(Beehr & Newman, 1978; Jamal, 1984; Mutkins et al., 2011; Sudha & Karthikeyan, 2014; 옥원호·김석롱, 2001, 김구, 2005; 김재엽 외, 2009; 신수정, 2017). 둘째, 직장생활의 질의 핵심 선행요인으로 '직무 특성'을 다루고 있는 연구에서는 직무 특성을 개인-직무 적합성, 직무 만족도, 직무 몰입도 등으로 세분화하여 제시하였으며, 분석 결과를 종합할 때 적합성 및 몰입도 수준 모두 직장생활의 질에 정(+)의 영향을 미치는 것을 확인할 수 있었다(Carless, 2005; Resick et al., 2007; Sekiguchi, 2007; Babakus et al., 2010; Boon et al., 2011; Warr & Inceoglu, 2012; 서재현, 2004; 김선아 외, 2014). 셋째, 직장생활의 질의 핵심 선행요인으로 '전이 특성'을 다루고 있는 연구에서는 전이 특성을 일-가족 갈등, 가족-일 갈등, 가족 지지

등으로 세분화하여 제시하였으며, 분석 결과를 종합할 때 갈등 수준은 연구에 따라 직장생활의 질에 미치는 영향력이 상이하게 나타났고 가족 지지는 직장생활의 질에 정(+)의 영향을 미치는 것을 확인할 수 있었다 (Ernst Kossek & Ozeki, 1998; Adams et al., 1996; Frone et al., 1997; Anderson, 2002; 김선희, 2010; 장희숙·김홍범, 2012; 이선경 외, 2014). 마지막으로, 직장생활의 질의 핵심 선행요인으로 '조직 특성'을 다루고 있는 연구에서는 조직 특성을 유연근무제, 가족 친화제도 등으로 세분화하여 제시하였으며, 분석 결과를 종합할 때 해당 제도의 활용이 활성화될수록 직장생활의 질이 높게 나타나는 것을 확인할 수 있었다(Saltzstein, et al., 2001; Frye & Breaugh, 2004; 유계숙, 2007; 이선경 외, 2014; 황순옥·한상일, 2013; 박세정, 2014).

다음으로 성별 특수성의 관점에서 여성 근로자로 한정하여 수행된 선행연구를 살펴본 결과, 이들 연구는 소극적 다양성 관리의 맥락에서 여성에 대한 차별 철폐에 대해 논의한 연구와 적극적 다양성 관리의 맥락에서 일과 삶 균형에 대해 논의한 연구 등 2개 차원으로 유형화할 수 있었다. 먼저 소극적 다양성 관리의 맥락에서 여성에 대한 차별 철폐를 다룬 연구는 노동시장 전반에 걸친 성 불평등 문제, 직장 내에 존재하는 임금 및 승진 부문에서의 성별 격차 문제를 해소하기 위한 방안에 대해 논의하고 있음을 알 수 있었다(Ridgeway, 1997; Ely & Meyerson, 2000; OECD, 2017; 이각희, 2004; 신경수·송일호, 2004; 김재기, 2006; 정진화, 2007; 김영옥, 2010; 허수연·유태임, 2011; 강주연·김기승, 2014). 한편 적극적 다양성 관리의 맥락에서 일과 삶 균형을 다룬 연구는 여성 근로자 혹은 기혼 여성 근로자의 역할 갈등을 최소화하고 근무 의욕을 향상시키기 위해 유연근무제, 가족 친화적 복지제도 등의 중요성에 대해 논의하고 있음을 알 수 있었다(Doherty, 2004; Sudha & Karthikeyan, 2014; OECD; 2017; 권용수, 2004; 김진욱, 2008; 김선희, 2010; 김선아 외, 2013).

선행연구 결과를 종합해보면 여성 근로자의 직장생활의 질 향상에 있어 성별 보편성의 관점에서 주요 영향요인으로는 심리 특성, 직무 특성, 전이 특성, 조직 특성으로 구분하여 살펴볼 수 있었고, 성별 특수성의 관점에서 주요 영향요인으로는 여성에 대한 차별 철폐를 위한 소극적 다양성 관리와 여성의 일과 삶 균형을 지원하기 위한 적극적 다양성 관리로 구분하여 살펴볼 수 있었다. ⑥ 다만 여성 근로자의 직장생활의 질 향상에 있어 이렇듯 다양한 영향요인이 존재함에도 불구하고 기존의 연구는 특정 측면으로 한정하여 논의를 진행하고 있었다. 이에 본 연구에서는 성별 보편성의 관점에서 주요 영향요인으로 제시된 심리 특성, 직무 특성, 전이 특성과 성별 특수성의 관점에서 주요 영향요인으로 제시된 소극적 다양성 관리 및 적극적 다양성 관리 등을 포괄하여 여성 근로자의 직장생활의 질 향상 방안을 논의하였다. 특히 성별 특수성의 관점에서 직장생활의 질 향상의 핵심 요소로 제시되고 있는 소극적 다양성 관리 및 적극적 다양성 관리는 성별 보편성의 관점에서 직장생활의 질의 선행요인으로 제시되고 있는 심리 특성, 직무 특성, 전이 특성에도 영향을 미치는 중요 요인으로 논의되고 있었기 때문에 본 연구에서는 선행요인과 직장생활의 질 간의 관계에 있어 다양성 관리의 역할을 검증하기 위해 소극적 다양성 관리와 적극적 다양성 관리 변수를 조절요인으로 설정하였다.

→ ⑥: 기존 선행연구의 한계점을 제시하고 이를 기반으로 본 연구의 차별성을 제시함

자료: 여성연구 97(2)에 게재된 김선아·박성민(2018)의 연구논문 내용 일부 발췌

연구논문 사례 3(김선아 & 박성민, 2017)

연구 제목
– 인사혁신 전략 수립의 유형화와 최적화에 관한 탐색적 연구: 중앙행정
  기관을 중심으로

연구 질문
– 정부 인사혁신에 있어 조직 특성을 반영하기 위한 적정 수준의 분류
  기준은 무엇인가?
– 적정 분류 기준에 따른 중앙행정기관 유형별 최적화된 인사혁신 전략
  은 무엇인가?

II. 이론적 논의 및 선행연구 검토

1. 이론적 논의

1) 결과 차원에서 인사혁신의 방향

① "바람직한 인사혁신의 실현을 위해 결과 차원에서 인사혁신의 방
향은 어떠해야 할까?"라는 질문은 "인사혁신 활동의 궁극적 목적은 무
엇인가?"라는 질문으로 바꾸어 논의할 수 있다. 인사혁신은 성공적인 국
정운영을 위해 정부 조직의 인적자원관리체계를 보다 나은 방향으로 변
화시키기 위한 모든 활동을 포괄하는 용어이다(중앙인사위원회, 2005; 박성민
외, 2015; 인사혁신처, 2016; 김선아·박성민, 2016; 2017; 박성민, 2017). 이에 인사혁신의

미션은 국정운영의 최상위 비전인 정부 조직의 전문성 및 책임성 향상, 국민의 행복 증진 등과 일맥상통한다. 다만 보다 발전적인 차원에서 인사혁신의 방향성을 논의하기 위해서는 인사혁신의 미션에 대한 이해와 더불어 부문 및 기능별 전략적 혁신 목표가 무엇인가에 대한 이해가 필요하다. 부문 및 기능별 전략적 인사혁신 목표는 인사혁신 활동에 있어 나아가야 할 방향을 알려주는 지도 역할을 담당하기 때문이다. 이에 학문적 차원, 실무적 차원에서 인사혁신의 부문 및 기능별로 추구해야 할 인사혁신 목표가 무엇인가에 대한 논의는 활발하게 이루어져왔다.

다만 인사혁신의 부문 및 기능별 전략적 인사혁신 목표는 시대적 흐름, 더불어 국가가 처한 공공 인적자원관리의 상황적 맥락에 따라 변화하기 때문에 고정적 개념이 아닌 변동적 개념으로 이해해야 한다. 예를 들어, 공공 인적자원관리에 있어 사회적 차원에서 전문성을 갖춘 유능한 인재 선발을 강조한다면 인적자원의 확보 단계에서 전략적 혁신 목표는 '전문성'으로 설정될 것이고, 혁신 도구로서 공직자로서의 전문적 역량을 검증할 수 있는 선발 제도 마련에 중점을 두게 될 것이다. 이와 달리 사회적 차원에서 형평성을 강조한 인재 선발을 강조한다면 인적자원의 확보 단계에서 전략적 혁신 목표는 '대표성'으로 설정될 것이고, 혁신 도구로서 대표관료제의 맥락에서 인적 구성의 대표성을 담보할 수 있는 선발 제도 마련에 중점을 두게 될 것이다. 이에 적실성 높은 인사혁신의 부문별·기능별 전략적 목표를 설정하기 위해서는 공공 인적자원관리에 대한 사회적 수요를 비롯하여 학문적·실무적 관점에서 논의되고 있는 중요 인사혁신 가치들에 대한 종합적 고려가 필요하다.

이러한 맥락에서 김선아·박성민(2016)은 인사혁신을 "정부의 인사행정 프로세스를 지속적으로 개선하고 공무원 개인에게 올바른 가치를 내재화하여 바람직한 공직문화를 형성해 나가는 과정"이라 정의하면서 과정적 개념이라 해석하였고, 제도혁신뿐만 아니라 사람혁신, 문화혁신까지 인사혁신의 범위로 포함하여 인사혁신 활동을 광범위하게 해석하였다(김선아·박성민, 2016: 181~183). 특히 김선아·박성민(2016)은 과정적 관점을 토대로 제도혁신의 모집·선발, 교육·훈련, 유지·활용, 평가·보상, 퇴직관리 부분, 사람혁신과 문화혁신의 부문별·기능별로 강조해야 하는 인사혁신 가치를 도출하기 위해 내용 분석과 중앙행정기관 인사담당자 대상의 초점집단 인터뷰를 시행하였고, 이를 바탕으로 종합적 관점에서 부문별·기능별 전략적 인사혁신 목표를 탐색하여 〈인사혁신 과정모형〉을 도출하였으며 해당 모형에서 담고 있는 인사혁신 활동의 부문 및 기능별 전략적 인사혁신 목표는 아래 표와 같다(김선아·박성민, 2016: 205). 해당 연구는 학문적 시각을 반영하기 위해 내용 분석을 시행하였고, 실무적 시각을 반영하기 위해 중앙행정기관 인사담당자 대상의 초점집단 인터뷰를 시행함으로써 학문적 시각과 실무적 시각을 종합하여 인사혁신의 부문 및 기능별로 적실성 높은 전략적 인사혁신 목표를 도출하였다는 측면에서 학문적·실무적 의의가 매우 높다고 할 수 있다. 다만 이러한 전략적 인사혁신 목표는 고정적인 개념이 아니라 변동적인 개념이기 때문에 상황적 맥락에 맞는 전략적 인사혁신 목표가 무엇인가에 대한 고민은 지속되어야 할 것이다.

→ ①: 다양한 문헌 검토를 통해 인사혁신의 개념 및 결과적 차원에서 인사혁신의 목표에 대해 논의

〈인사혁신의 부문 및 기능별 전략적 인사혁신 목표〉

구분		전략적 인사혁신 목표	내용
제도 혁신	기반 조성	전략성	• 전략적 인적자원관리의 실질적 구현을 가능할 수 있도록 조직의 비전과 미션을 인적자원관리체계에 투영하고, 이러한 관리를 통해 조직의 비전과 미션을 조직 구성원들에게 내재화시키고자 하는 노력

제도 혁신	기반 조성	체계성		• 직무 분석 시행 및 직무 기반 인적자원관리체계 구축을 통한 과학적 인적자원관리의 실현을 위한 노력
	체계화	모집 선발	외적 다양성	• 조직의 인적 구성에 있어 외적 다양성을 확보하고 소수 집단을 포용적으로 관리하고자 하는 노력
			외적 개방성	• 공직의 문호 개방에 대한 적극적 태도와 이질적 구성원을 조화롭게 운용하기 위한 노력
		교육 훈련	양적 우수성	• 교육·훈련의 내용과 프로그램 구성의 다양화와 교육·훈련 제공 방식 및 지원 방식을 다양화하고자 하는 노력
	체계화	교육 훈련	질적 우수성	• 수요자 중심의 교육·훈련 프로그램과 경력 개발제도 운영 및 이의 품질 향상을 위한 노력
		유지 활용	내적 다양성	• 일과 삶 균형정책의 실현을 통해 조직 구성원들의 다양한 심리적 속성을 포용하고 조화롭게 운용하기 위한 노력
			내적 개방성	• 전문성이 필요한 직위에 대해서는 전문 직위 지정을 통해 업무의 연속성 및 전문성을 확보할 수 있도록 하고, 일반성이 필요한 직위에 대해서는 인사 교류의 활성화를 통해 개인 및 조직 차원의 성과를 향상시키기 위한 노력
		평가 보상	경쟁성	• 성과 및 실적 기반 평가체계와 이에 대한 환류체계를 운영함으로써 개인의 발전에 활용될 수 있도록 하고, 보수체계의 적정성을 확보하고자 하는 노력
			공정성	• 온정주의, 연공서열, 보직 우선 관행 등을 탈피하고 직무 성과 중심의 평가 및 보상 제도를 운영하고자 하는 노력
		퇴직 관리	소극적 관리	• 재취업에서 발생하는 비윤리적 행태를 규제하기 위해 기관 자체적으로 직종, 분야, 기관별로 구체적이고 명확한 취업심사 기준을 마련하여 교육하고, 위반사항을 철저하게 관리하고자 하는 노력
			적극적 관리	• 조직 구성원이 퇴직 이후 안정적인 생활을 영위하고, 이들의 역량이 사회적 차원에서 적극적으로 활용될 수 있도록 지원하고자 하는 노력

사람 혁신	기반 조성	공공성	• 공익 실현의 실질적 주체로서 공무원에게 업무를 수행하는 과정에서 추구해야 할 기본적인 공직 가치와 바른 직업윤리를 내재화하고, 공직 동기를 강화해 나가고자 하는 노력
		자율성	• 업무수행 과정과 의사결정 과정에 있어 개인에게 자기결정권을 부여하고, 이러한 결정을 존중하고자 하는 노력
	체계화	바른 리더십	• 조직의 목표 달성을 위해 적극적으로 행동하고 조직을 위해 헌신하며, 조직 구성원들에게 모범적 모습을 보이는 리더십
		바른 팔로워십	• 조직의 목표 달성을 위해 적극적으로 행동하고 조직을 위해 헌신하며, 타인에게 모범적 모습을 보이는 팔로워십
문화 혁신	기반 조성	사회자본	• 인적 네트워크를 기반으로 구성원 간 신뢰를 형성하고 조직 내 상호 협력과 지원을 강화해 나가고자 하는 노력
		심리자본	• 자기효능감, 희망, 낙관주의, 회복탄력성과 같이 조직 구성원들의 긍정적인 마음 상태를 확대해 나가고자 하는 노력
	체계화	부정적 공직문화 철폐	• 비효율을 유발하는 형식주의를 근절하기 위해 업무 프로세스를 개선하고, 실적 및 성과 기반 인사 운영을 통해 저성과자를 선별하여 무사안일 및 복지부동과 같은 부정적 행태를 근절해 나가기 위한 노력
		긍정적 공직문화 구축	• 공정하고 윤리적인 환경과 조직 구성원들이 일하기 즐거운 행복한 분위기를 조성하고자 하는 노력

자료: 김선아·박성민(2016: 188-205)

2) 과정 차원에서 인사혁신의 방향

② "바람직한 인사혁신의 실현을 위해 과정 차원에서 인사혁신의 방향은 어떠해야 할까?"라는 질문은 "인사혁신 전략을 수립하고 이를 시행하는 과정에서 고려해야 하는 요소가 무엇인가?"라는 질문으로 바꾸

어 논의할 수 있다. 상황적 관점과 전략적 인적자원관리에 대한 학자들의 논의를 바탕으로 인사혁신 활동을 전개하는 과정에서 고려해야 할 요소로 조직의 특수성 반영을 살펴볼 수 있었다.

행정학과 경영학과 같이 관리 활동에 중점을 두고 있는 학문의 핵심 패러다임은 시대의 흐름에 맞추어 변화하고 있다. 과학적 관리론이 지배적인 패러다임으로 자리 잡고 있던 과거에는 인사관리 및 조직관리에 있어 '단 하나의 최고의 방법(The One Best Way)'이 존재한다고 믿었지만(Taylor, 1914), 인사관리 및 조직관리 전략의 수립에 있어 조직 구성원 개인의 심리적·정서적 특성과 더불어 조직이 처한 상황적 특성에 대한 고려가 중요하다는 점이 강조되면서 이러한 패러다임에도 변화가 일게 되었다(박성민·김선아, 2015: 10~12). 이에 인사행정의 패러다임도 통제적 접근 방식인 인사관리(PM: Personnel Management)에서 효율성 중심의 인적자원관리(HRM: Human Resource Management)로 변화하였고, 여기에서 한 걸음 더 나아가 전략적 접근 방식인 인적자본관리(HCM: Human Capital Management)로의 변화를 지향하고 있다(유민봉·박성민, 2014: 18).

이러한 맥락을 고려할 때 조직의 인사관리에 접근하는 방법은 보편적 관점(Universalistic Approach)과 상황적 관점(Contingency Approach)으로 구분하여 살펴볼 수 있다(Drazin & Van de Ven, 1985). 보편적 관점은 과학적 관리론의 시각에서 고성과 조직에서 나타나고 있는 공통적인 인사관리 전략을 최고의 인적자원관리 방식이라 간주하고, '단 하나의 최고의 인적자원관리 전략'을 일반 조직에 적용하면 성과 향상에 기여할 수 있다고 믿는 입장이다. 이와 달리 상황적 관점은 조직의 성과 향상에 기여하는 효과적인 인적자원관리 전략을 수립하기 위해서는 특정 조직이 처한 상황적 특수성에 대한 고려가 필요하기 때문에 단 하나의 최고의 방식이 아닌, 개별 조직에 맞는 '다양한 최선의 인적자원관리 전략'이 존재한다고 보는 입장이다.

특히 조직의 인사관리에 있어 조직 목표와 인사관리 제도와의 연계성을 강조하는 전략적 인적자원관리(SHRM: Strategic Human Resource Management)의 실현이 강조되면서 이러한 상황적 관점은 보다 설득력을 얻고 있다(김선아·박성민, 2017). Wright & Snell(1998)은 전략적 인적자원관리를 "조직의 목표를 달성하기 위해 계획된 인적자원의 배치 및 활동 패턴"이라고 정의하면서, 이러한 전략적 인적자원관리를 효과적으로 실행하는 데 있어 '정합성(Fit)'과 '유연성(Flexibility)'의 개념이 중요함을 강조하였다(Wright & Snell, 1998: 756). 전략적 인적자원관리에서 강조하는 정합성은 수직적 정합성과 수평적 정합성으로 구분하여 살펴볼 수 있다. 수직적 정합성(Vertical Fit)은 조직 전반의 전략적 관리와 인적자원관리 전략 상호 간의 일치성(Alignment)을 의미하며, 수평적 정합성(Horizontal Fit)은 인적자원관리 프로세스상 기능 간의 조화(Congruence)를 의미한다. Wright & Snell(1998)은 유연성이 일치성과 조화를 강조하는 정합성과 상충(Trade-off)되는 개념임에도 불구하고 이를 통합적으로 고려해야 한다고 주장하였다. 개별 조직에 적정 수준의 유연성이 부여되어야 조직이 처한 복잡하고 역동적인 환경에 선제적으로 대응하고 때때로 직면하게 되는 위기 상황을 적절히 관리하여 이를 극복할 수 있기 때문이다(Wright & Snell, 1998: 757~758).

이처럼 상황적 관점과 전략적 인적자원관리는 인적자원관리 전략 수립에 있어 조직 특성의 고려가 중요함을 강조하고 있다. 특히 전략적 인적자원관리의 구현에 있어 Wright & Snell(1998)이 강조한 정합성과 유연성의 조화는 민간부문에서 먼저 시작된 논의이지만 공공 인적자원관리, 즉 정부 인사관리 및 인사혁신 전략 수립에 있어 시사하는 바가 매우 크다. 민간조직의 경우 기관의 최상위 비전과의 일치성을 해치지 않는 범위 내에서 개별 조직의 특성을 반영하여 해당 조직에 최적화된 맞춤형 인사관리 전략의 구현이 가능하다. 그러나 공공조직의 경우 유연성의 맥락에서 조직의 특수성에 대한 고려도 필요하지만, 정합성의 맥락에서 기관의 최상위 비전과 인적자원관리체계 간의 일치성을 의미하는 1차적 정합성과 국정운영 비전과 정부 전체 인적자원관리체계 간의 일치성을 의미하는 2차적 정합성까지 포괄적으로 고려해야 하는 특수성을 갖고 있다. 따라서 개별 중앙행정기관이 갖고 있는 조직의 특성을 반영하여 모든 개별 기관별로 차별화된 맞춤형 인사혁신 전략을 구현하는 것은 바람직하지 않다. 이에 정부 인사관리 및 인사혁신에 있어 정합성과 유연성의 조화의 시각에서 인사관리 활동 및 인사혁신 활동에서 고려해야 하는 조직 특성의 적정 범주는 무엇인가에 대한 고민은 매우 중요한 과제라 할 수 있다.

→ ②: 다양한 문헌 검토 및 보편적 관점과 상황적 관점에 대한 이론적 논의를 통해 바람직한 인사혁신을 위해 과정적 차원에서 고려해야 하는 요소가 무엇인가에 대해 제시하고 이를 기반으로 본 연구의 필요성을 강조함

2. 선행연구 검토

결과 차원에서 인사혁신의 방향이 무엇인가에 대한 논의를 통해 인사혁신의 부문 및 기능별로 지향해야 하는 전략적 인사혁신 목표가 무엇인지에 대해 알 수 있었고, 과정 차원에서 인사혁신의 방향이 무엇인가에 대한 논의를 통해 이러한 전략적 인사혁신 목표를 반영한 인사혁신 활동을 전개하는 과정에서 개별 중앙행정기관의 조직적 특성의 고려가 중요함을 알 수 있었다. ③ 상황적 관점과 전략적 인적자원관리에서 강조하는 일치성과 유연성 간의 균형을 위해 일찍이 민간부문에서는 인사관리 및 조직관리 전략과 성과 간의 관계에 있어 차이를 유발하는 조직 특성이 무엇인가에 대한 연구를 지속해왔다(Talacchi, 1960; Indik, 1963; Blau, 1968; Klatzky, 1970; Blau & Schoenherr, 1971; Gremillion, 1984; Kalleberg & Van

Buren, 1994; Judge et al., 2000; Piccolo & Colquitt, 2006). 해당 연구들은 조직의 규모와 구조, 위계성, 통제 범위, 위상 등과 같은 공식적 특성과 업무의 전문성, 분업 및 세분화 정도 등과 같은 업무적 특성이 관리 전략을 수립하는 데 있어 고려해야 하는 주요 조직 특성이라 제시하고 있었다.

→ ③ 유사 선행연구의 주요 결과를 요약하여 제시함

④ 그러나 공공부문의 인사관리 및 인사혁신에 있어 중요하게 고려해야 할 조직적 특성이 무엇인가에 대한 학문적 논의는 실제 매우 부족한 실정이다. 공공부문에서 진행된 인사혁신과 관련된 선행연구는 임헌만(2009)의 연구와 김선아·박성민(2017)의 연구를 제외하면, 주로 인사혁신의 방향성 탐색 및 인사혁신 전략과 제도에 관한 사례 연구 및 문제점에 대한 논의를 바탕으로 바람직한 인사혁신 방향을 제시한 연구(Rainey, 1979; Tolbert & Zucker, 1983; Peters & Savoie, 1994; Battaglio & Condrey, 2006; Nigro & Kellogugh, 2008; Battaglio, 2010; Park & Joo, 2010; Park & Joaquin, 2012; 박홍식, 2005; 백종섭 외, 2007; 진종순·장용진, 2010; 배귀희·양건모, 2011; 박세정, 2012; 진종순, 2012; 김선아·박성민, 2016)와 각국 정부가 시행한 인사혁신 제도의 성과에 대해 논의한 연구(Battaglio, 2010; Park, 2010; Kim & Wiggins, 2011; Park & Joaquin, 2012; Stazyk 2013; Kim & Kellough, 2014; 김민강·박통희, 2008; 고재권, 2014; 노종호·한승주, 2014) 등이 중심이 되고 있음을 알 수 있었다.

정부의 인사관리 및 인사혁신에 관한 연구 중 조직의 특성을 논의한 두 편의 연구 중 임헌만(2009)의 연구는 특정 인사혁신 제도를 운영하는 데 있어 중앙행정기관별 업무의 전문성 및 일반성 수준 등 업무적 특성만 한정적으로 논의하고 있었다. 이와 달리 김선아·박성민(2017)의 연구는 탐색적 차원에서 "우리나라 중앙행정기관의 인사혁신에 있어 중요도의 차이를 발생시키는 조직적 특성은 무엇인가? 그리고 이러한 조직적 특성에 따른 인사혁신 가치의 보편성과 특수성은 무엇인가?"라는 연구 질문을 바탕으로 중앙행정기관의 인사관리 및 인적자원관리에 있어 고려해야 할 조직 특성을 포괄적으로 논의하고 있었다. 해당 연구는 이론적 논의 및 초점집단 인터뷰를 바탕으로 중앙행정기관의 인사혁신에 있어 중요도의 차이를 유발할 수 있는 조직 특성으로 제도 특성, 업무 특성, 정책 특성 등 3개 유형을 제시하였다. 제도 특성은 위상, 예산, 현원 규모, 특정직 비율 등 4개 요소를 포함하고 있었고, 업무 특성은 업무의 일반성 수준, 전문성 수준, 전략성 수준 등 3개 요소를 포함하고 있었다. 더불어 정책 특성은 기능 특성과 유형 특성으로 구분하여 기능 특성으로는 기획, 집행 2개 요소로 구성하였고, 유형 특성으로는 일반행정, 경제·산업, 교육·문화, 환경·복지 등 4개 요소로 구성하였다. 해당 연구에서는 이러한 기준을 바탕으로 중앙행정기관이 공표하는 통계 자료와 44개 중앙행정기관의 인사담당자를 대상으로 하는 전문가 설문조사 자료를 바탕으로 집단 간 차이 분석(t-test, f-test)을 통해 조직 특성에 따른 인사혁신 가치의 중요도에 대한 차이를 검증하였다. 그 결과 조직 제도 특성의 경우 위상을 제외한 예산, 현원 규모, 특정직 비중 등이 전략적 인사혁신 목표의 중요도 인식에 차이를 발생시키는 요인임이 확인되었고, 업무 특성의 경우 일반성 수준, 전문성 수준, 전략성 수준 등 3개 요인 모두 전략적 인사혁신 목표의 중요도 인식에서 차이를 발생시키는 요인으로 확인되었다. 마지막으로, 정책 특성의 경우 유형별 특성이 아닌 기능별 특성이 전략적 인사혁신 가치의 중요도 인식에서 차이를 발생시키는 요인으로 확인되었다. 김선아·박성민(2017)은 이러한 연구 결과를 바탕으로 김선아·박성민(2016)의 인사혁신 과정모형에 기반하여 각각의 조직 특성에 따라 해당 조직에서 최우선 과제로 다루어야 하는 인사혁신 가치가 무엇인지 논의하였다.

〈전략적 인사혁신 목표의 중요도 인식에 차이를 유발하는 조직적 특성〉

구분	범주화	구성 요인	결과
조직 특성	제도 특성	위상	• 차이 유발하지 않음
		예산 규모	• 차이 유발 - 사회자본(중규모 조직)
		현원 규모	• 차이 유발 - 전략성(소규모 조직)
		특정직 / 일반직	• 차이 유발 - 공공성(대규모 조직) - 부정적 공직문화 철폐(대규모 조직) - 긍정적 공직문화 구축(대규모 조직)
조직 특성	업무 특성	일반성 수준	• 차이 유발 - 내적 개방성(높은 조직) - 사회자본(높은 조직)
		전문성 수준	• 차이 유발 - 양적 우수성(높은 조직)
		전략성 수준	• 차이 유발 - 전략성(낮은 조직) - 체계성(낮은 조직)
	정책 특성	기능적 특징	• 차이 유발 - 외적 개방성(혼합 조직) - 공공성(혼합 조직) - 부정적 공직문화 철폐(혼합 조직)
		유형별 특징	• 차이 유발하지 않음

자료: 김선아·박성민(2017: 340-349)

　　인사관리 및 인사혁신 전략을 수립하고 이러한 전략을 추진하는 과
정에서 조직 특성에 대한 고려가 중요함에도 불구하고 공공부문에서는
관리적 차원에서 고려해야 할 조직적 특성을 도출하고, 관리 전략과 성
과 간의 관계에 있어 조직 특성에 따른 차이를 규명한 연구는 매우 부족
한 실정이다. 이에 우리나라 중앙행정기관을 대상으로 인사혁신의 부문

및 기능별 전략적 인사혁신 목표에 대한 중요도 인식의 차이를 유발하는 조직 특성을 포괄적으로 탐색한 김선아·박성민(2017)의 연구는 학문적·실무적 차원에서 매우 중요한 의미를 갖는다. 그러나 해당 연구는 인사혁신 가치에 대한 중요도 인식의 차이를 유발하는 조직 특성을 도출하고, 해당 조직 특성에 따라 보다 강조되어야 하는 전략적 인사혁신 목표가 무엇인지를 제시하는 데 그치고 있다. Wright & Snell(1998)이 논의한 것처럼 보다 바람직한 인사관리 및 인사혁신 활동을 전개하기 위해서는 유연성의 맥락에서 조직의 특수성에 대한 고려와 함께, 정합성의 맥락에서 1차적으로는 기관의 최상위 비전과의 일치성에 대한 고려가 이루어져야 하며, 2차적으로는 거시적 관점에서 국정운영 목표와의 일치성에 대한 고려도 이루어져야 한다. 따라서 공공 인적자원관리에서는 전략적 인사혁신 목표의 중요도 인식에 있어 차이를 유발하는 조직적 특성을 반영하여 모든 중앙행정기관별로 차별화된 맞춤형 인사혁신 전략을 구현하는 것은 바람직하지 않다. 과정적 차원에서 보다 타당한 인사혁신 전략을 구축하기 위해서는 정합성과 일치성 간의 조화의 맥락에서 정부 인사혁신에 있어 조직 특성을 반영하기 위한 적정 분류 기준이 무엇인지에 대한 고민이 선행되어야 할 것이다. 이에 본 연구에서는 정부 인사관리 및 인사혁신에 있어 정합성과 유연성 간의 조화를 위한 최선의 대안으로서 김선아·박성민(2017)의 연구 결과를 바탕으로 중앙행정기관의 전략적 인사혁신 목표에 대한 중요도 인식에 차이를 유발하는 다양한 조직 특성을 핵심 기준요인으로 범주화하고, 해당 기준요인을 토대로 중앙행정기관을 유사 속성에 따라 유형화하여 각 유형별로 조직 특성을 반영한 최적화된 인사혁신 전략을 도출하였다.

→ ④ 기존 선행연구의 한계점을 제시하고 이를 기반으로 본 연구의 차별성을 제시함

자료: 국정관리연구 12(4)에 게재된 김선아·박성민(2017)의 연구논문 내용 일부 발췌

제4장

〈연구 설계〉의 이해

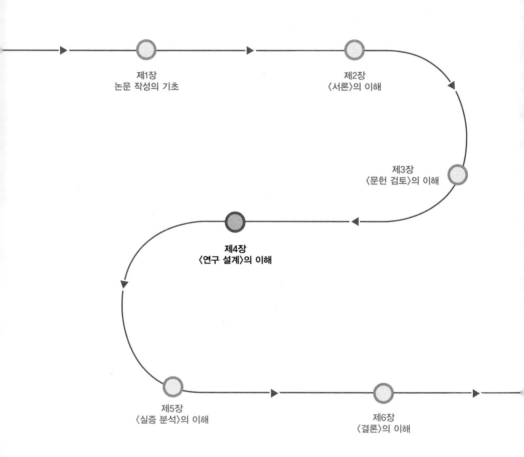

제1장
논문 작성의 기초

제2장
〈서론〉의 이해

제3장
〈문헌 검토〉의 이해

**제4장
〈연구 설계〉의 이해**

제5장
〈실증 분석〉의 이해

제6장
〈결론〉의 이해

제1절
〈연구 설계〉의 의의

　　연구논문에서 〈연구 설계〉는 자료 수집 및 자료 분석 등 실제 연구 활동을 효과적으로 수행하기 위해 청사진을 계획하는 단계로 이해할 수 있다. 즉 〈연구 설계〉 단계는 자신이 선정한 연구 문제에 대한 종합적 검토를 바탕으로 ① 연구 내용을 확정하여 ② 핵심 분석 내용 및 가설을 제시하고 이를 기반으로 ③ 연구 문제를 풀어나가는 방법을 결정하는 과정이라 할 수 있다. 이에 연구자는 〈연구 설계〉 단계에서 변수 간 관계 설정을 통한 연구 모형의 도출 및 변수의 개념화와 조작화, 연구 방법 및 표집 방법의 결정이라는 네 가지 핵심 과제를 수행하게 된다.

　　먼저 〈연구 설계〉 단계에서는 〈문헌 검토〉 내용을 기반으로 연구 목적과 연구 질문을 고려하여 주요 변수 간의 관계가 어떠한지를 설정하고 독립변수, 종속변수, 매개변수, 조절변수, 통제변수 등을 활용하여 연구 모형을 구성하게 된다. 이렇게 변수 간 관계를 설정하여 연구 모형이 도출되면 이를 근거로 연구의 가설을 설정할 수 있다. 이렇게 연구 모형 및 연구 가설을 도출하면 핵심 변수에 대한 개념화·조작화 과정을 거치게 되는데, 이러한 개념화·조작화는 추상의 세계와 현실의 세계를 연결시키는 활동으로 이해할 수 있다(남궁근, 2017; 채서일, 2016). 개념화는 연구에서 사용하게 될 특정 용어가 의미하는 바가 무엇인지를 정확하게 설명하여 개념의 모호한 형상을 구체화하는 활동을 의미한다. 〈연구 설계〉 단계에서는 〈문헌 검토〉에서 수행한 개념 정의 내용을 기반으로 구체적이고 명확하게 개념화 작업을 진행하게 된다. 이러한 개념화 과정이 중요한 이유는 이 과정을 통해 연구에서 관찰의 대상이나 측정 방법을 분명히 할 수 있기 때문이다. 더불어 조작화는 자신의 연구에서 사용하는 용어 혹은 변수들을 측정 가능한 형태로 표현하는 것으로, 측정 기법을 결정하는 활동을 의미한다. 특히 이렇게 추상적인 개념을 잘 대변하면서 경험적으로 측정 가능한 대체개념을 정립하는 것을 '조작적 정의'라고 한다. 〈연구 설계〉 단계에서 이러한 조작화 과정이 중요한 이유는 자료 수집 및 분석 과정에서 직접적으로 활용한 대체개념이 원래의 추상적인 개념을 잘 대변하지 못하면 잘못된 결론을 도출할 수 있기 때문이다.

다음으로 연구 방법 및 표집 방법의 결정은 연구에서 제시한 연구 질문에 대한 답을 찾아나가는 경로를 설정하는 과정으로 이해할 수 있다. 연구 방법은 양적 연구 방법과 질적 연구 방법 등 2개 유형으로 구분하여 살펴볼 수 있다. 양적 연구는 대상의 속성을 계량적으로 표현하고 특정 변수들 간의 관계를 통계분석을 통해 밝혀내는 연구로 '설득'에 치중하는 반면, 질적 연구는 직접적인 경험과 통찰을 통해 인간의 동기와 행동, 상호작용을 이해하려는 연구로 '발견'에 치중한다. 양적 연구는 주로 객관적 관찰이 가능한 외적인 특성이 연구 대상일 경우 적용하며, 질적 연구는 주로 객관적 관찰이 곤란한 동기와 의도 등 내적인 특성이 연구 대상일 경우 적용하게 된다. 어떠한 연구 방법을 선택하느냐에 따라 자료 수집 방법 및 분석 방법이 달라지기 때문에 연구 목적에 비추어 최적의 연구 방법을 선택해야 한다. 더불어 표집 방법은 모집단을 대표하는 표본을 추출하는 방법에 관한 것으로, 모집단 전부를 대상으로 연구하는 것이 실제 현실에서는 불가능하기 때문에 모집단을 대표하는 표본을 추출하여 연구를 수행하게 된다. 표집 방법은 표본의 대표성이 높은 확률 추출 방법과 상대적으로 대표성이 낮은 비확률 추출 방법으로 구분할 수 있는데, 대규모 서베이의 경우 확률 표집 방법이 더욱 적절한 반면, 인터뷰 등의 경우 연구 상황에 대해 균형 잡힌 관점을 담을 필요가 있기에 비확률 추출 방법이 더욱 적절할 수 있다. 무엇이 가장 효과적인 표집 방법인가는 연구 방법과도 밀접한 연관이 있기에 연구 방법을 고려하여 표집 방법을 결정해야 한다.

이러한 내용을 종합할 때 연구논문의 〈연구 설계〉는 연구 목적에 적합한 연구 모형을 도출하고 연구 활동 계획을 수립하여 독자로 하여금 해당 연구에서 다루고자 하는 내용이 무엇인지, 그리고 어떻게 연구 질문에 대한 해답을 찾아나갈 것인지에 대한 이해를 돕고, 저자로 하여금 효과적으로 연구 활동을 수행해 나갈 수 있도록 지원한다는 측면에서 그 중요성을 이해할 수 있다.

제2절
〈연구 설계〉의 역할

    연구논문에서 〈연구 설계〉의 역할은 ① 연구 개요도이자 ② 연구 활동 계획서로 구분하여 살펴볼 수 있다. 이를 구체적으로 살펴보면 다음과 같다.

    첫째, 〈연구 설계〉는 연구의 개요도로서의 역할을 수행한다. 이는 〈연구 설계〉에서 연구에서 다루고자 하는 핵심적인 내용을 도식화하여 표현해주어야 함을 의미한다. 연구 내용의 도식화는 '연구 모형(Research Model)' 또는 '연구의 틀(Research Framework)'로 구체화된다. 연구 모형 또는 연구의 틀은 연구를 수행할 때 자신이 다루고자 하는 내용들에 대해 이론적으로 변수화된 개념들을 모아 구조적으로 도식화한 모형을 의미한다(남궁근, 2017; 채서일, 2016). 연구 모형 또는 연구의 틀은 일반적으로 양적 연구에서는 연구를 통해 규명하고자 하는 변수들 간의 관계에 초점을 두어 변수들 간의 관계를 도식화하여 표현하고, 질적 연구에서는 전체적인 연구의 흐름을 도식화하여 표현한다. 특히 양적 연구의 경우 연구 모형 또는 연구의 틀에 담긴 변수들 간의 관계를 기반으로, 이들 간의 관계에 대해 연구자가 잠정적으로 내린 결론 혹은 추측인 '가설'을 설정하게 된다. 〈연구 설계〉의 다음 단계인 〈실증 분석〉에서는 이 연구 가설을 중심으로 경험적인 검증 과정을 거치게 된다.

둘째, 〈연구 설계〉는 연구의 활동 계획서로서의 역할을 수행한다. 이는 〈연구 설계〉에서 무엇을(What), 어떻게(How) 수행할 것인지를 분명하게 나타내야 함을 의미한다. '무엇을'에 해당하는 내용은 1차적으로 연구 모형 또는 연구의 틀로 도식화한 후 연구 가설을 중심으로 기술하고, 2차적으로 변수의 개념화 및 조작화, 측정에 관한 내용을 중심으로 보다 구체적으로 기술하게 된다. '어떻게'에 해당하는 내용은 연구 방법 및 표집 방법에 관한 내용에 담기게 된다. 연구 방법에서는 해당 연구가 양적 연구 방법을 기초로 진행되는 연구인지 아니면 질적 연구 방법을 기초로 진행되는 연구인지 기술하고, 이와 함께 실제 연구에서 어떠한 자료 수집 방법을 활용할 것인지 구체적으로 기술해야 한다. 또한 표집 방법에서는 모집단을 대표하는 표본을 확보하기 위해 어떠한 추출 방법을 활용할 것인지 설명해야 하며, 이와 함께 실제 연구에서 활용한 표본의 인구사회학적 특성을 간략하게 제시함으로써 독자로 하여금 대표성 확보 여부를 판단할 수 있도록 한다.

[그림 4-1] 연구논문에서 〈연구 설계〉의 의의 및 역할

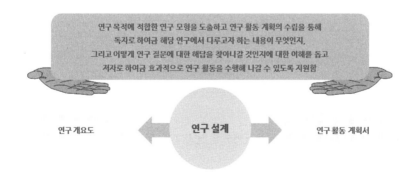

연구 목적에 적합한 연구 모형을 도출하고 연구 활동 계획의 수립을 통해 독자로 하여금 해당 연구에서 다루고자 하는 내용이 무엇인지, 그리고 어떻게 연구 질문에 대한 해답을 찾아나갈 것인지에 대한 이해를 돕고 저자로 하여금 효과적으로 연구 활동을 수행해 나갈 수 있도록 지원함

연구 개요도 ← 연구 설계 → 연구 활동 계획서

제3절
〈연구 설계〉의 구조

Step 1: 연구 모형과 연구 가설 도출

연구 모형

– 연구에서 다루고자 하는 내용을 이론적으로 변수화하고 이를 구조적
으로 도식화하여 독립변수, 종속변수, 매개변수, 조절변수, 통제변수
등을 구체적으로 제시함

  • 독립변수(Independent Variable) :
    종속변수의 변화를 결정하는 원인변수

  • 종속변수(Dependent Variable) :
    독립변수에 영향을 받는, 독립변수에 의해 발생한 결과변수

  • 매개변수(Mediator Variable) :
    독립변수의 결과인 동시에 종속변수의 원인으로 작용하는 변수

  • 조절변수(Moderator Variable) :
    독립변수가 종속변수에 미치는 영향력을 강화하거나 약화시키는 변수

  • 통제변수(Control Variable) :

독립변수와 종속변수 간의 관계에 영향을 미칠 수 있는 잠재적 변수
- 양적 연구의 경우 연구를 통해 규명하고자 하는 변수들 간의 관계를 도식화하고, 질적 연구의 경우 연구를 통해 전체적인 연구의 흐름을 도식화함

연구 가설
- 연구에서 다루는 변수들 간의 관계에 대해 잠정적으로 내린 결론 혹은 추측 형태로 기술
- 연구 가설은 예측되는 결과를 중심으로 진술해야 하고, 관계의 방향성 등 구체적인 내용이 포함되어야 함
- 단, 모든 연구에서 반드시 가설을 진술해야 하는 것은 아니며 연구 목적과 성격, 연구 방법 등에 따라 명백히 가설의 진술이 필요한 경우도 있고 그렇지 않은 경우도 있다는 점을 유념해야 함

Step 2: 개념화 및 조작화

개념화
- 〈문헌 검토〉에서 논의한 개념 정의 내용을 기반으로 연구에서 다루는 핵심 개념과 변수의 의미를 다시 한 번 구체화
- 개념화를 통해 관찰의 대상 및 측정 방법을 한정할 수 있음

조작화
- 연구할 개념과 변수를 측정 가능한 형태로 변환
- 자료 수집 및 분석 과정에서는 추상적인 개념을 측정 가능한 형태로 전환한 대체개념을 활용하게 됨

Step 3: 연구 방법 제시

양적 연구 방법
- 대상의 속성을 계량적으로 표현하고 특정 변수들 간의 관계를 통계분석을 통해 밝혀내는 연구
- 현상의 사소하거나 예외적인 특성을 배제하고 일반적인 경향성을 확률의 논리 속에서 규명하려는 연구

질적 연구 방법
- 직접적인 경험과 통찰을 통해 인간의 동기와 행동, 상호작용을 이해하려는 연구
- 현상의 복잡성을 최대한 있는 그대로 파악하려는 연구

〈양적 연구와 질적 연구의 특성 비교〉

구분	양적 연구	질적 연구
목적	• 사회 현상의 인과관계를 밝혀 법칙을 발견하고 인간 행동을 예측	• 사회 현상의 의미에 대한 심층적 이해
특징	• 개념의 조작적 정의 • 객관성 강조 • 가치중립적 연구	• 직접 관찰을 통한 심층적 이해 • 주관적 해석 강조 • 가치부하적 연구
연구 대상	• 객관적 관찰이 가능한 행동 → 외적 측면	• 객관적 관찰이 곤란한 동기와 의도 → 내적 측면
자료 수집 방법	• 질문지법	• 면접법, 관찰법
자료 분석 방법	• 통계적 분석	• 비통계적 분석
특징	• 연구의 객관성 보장 • 정확성과 정밀성 • 법칙 발견 용이 • 연구 결과의 일반화 가능성 높음	• 주관적 의식의 심층적 이해 • 가치 개입 및 객관성 결여 • 사회 현상의 생생한 묘사 가능 • 연구 결과의 일반화 가능성 낮음

특징	●정신 영역의 연구 곤란	●행동의 의미 파악 가능

자료: 남궁근(2017); 채서일(2016)의 내용을 참고하여 재구성

Step 4: 표집 방법 제시

표집을 어떻게 진행할 것인지에 대해 구체적으로 설명

- 확률 표본 추출 방법의 유형
  - 단순 무작위 표본 추출 방법(Simple Random Sampling) : 모집단에서 표본을 선정하는 과정에서 아무런 의도적 행위가 개입되지 않은 표본 추출 방법
  - 층화 무작위 표본 추출 방법(Stratified Random Sampling) : 모집단을 상호 배타적인 집합(층)들로 분리하고, 각 집합(층)으로부터 단순 무작위 표본 추출 방법을 통해 표본을 추출하는 방법
  - 군집 무작위 표본 추출 방법(Cluster Random Sampling) : 서로 인접한 조사 단위들을 묶어서 군집 또는 집락을 만든 다음, 군집들 가운데 일부의 군집을 추출해 추출된 군집에 속한 조사 단위들의 일부 또는 전부를 표본으로 추출하는 방법
- 비확률 표본 추출 방법의 유형
  - 할당 표본 추출 방법(Quota Sampling) : 모집단을 일정한 카테고리로 분류한 후에 해당 카테고리에서 표본을 임의로 추출하는 방법
  - 편의 표본 추출 방법(Convenience Sampling) : 연구자의 편의에 의해 연구자 임의로 손쉽게 선정이 가능한 대상을 표집하는 방법
  - 의도적 표본 추출 방법(Purposive Sampling) : 모집단에 대한 사전지식을 기초로 연구자의 주관적 판단에 의해 가장 전형적으로 잘 대표할 수

있을 것이라 생각되는 표본을 추출하는 방법

• 눈덩이 표본 추출 방법(Snowball Sampling) : 연구자가 임의로 선정한 표본의 추천을 받아 다른 표본을 추출하는 방법

표집 과정 이후 실제 연구에서 활용한 표본의 인구통계학적 특성을 구체적으로 기술

[그림 4-2] 연구논문에서 〈연구 설계〉의 구조

연구 모형과 연구 가설 도출
↓
개념화 및 조작화
↓
연구 방법 제시
↓
표집 방법 제시

제4절

〈연구 설계〉 연구논문 사례 분석

연구논문 사례 1(김선아 & 박성민, 2019)

연구 제목

– 균형인사정책을 통한 대표성 강화가 사회적 가치 확산에 미치는 영향에 관한 연구

연구 질문

– 균형인사정책의 정책 성과로서 사회적 가치의 구성 요소는 무엇인가?

– 균형인사정책을 통한 공직 내 여성, 장애인, 이공계, 지역인재, 저소득층의 소극적 대표성(구성론적 대표성) 및 적극적 대표성(역할론적 대표성) 강화가 사회적 가치 확산에 기여할 수 있는가?

Ⅲ. 연구 설계

1. 연구 내용

① 본 연구의 목적은 균형인사정책의 정책 결과(Output)인 소극적·적극적 대표성 강화가 정책 성과(Outcome)인 사회적 가치에 미치는 영향력을 검증하여 사회적 가치 확산의 맥락에서 균형인사정책의 제도적 발전 방향을 제시하는 것이다. 이에 본 연구는 균형인사정책에 대한 이론적 논의 및 선행연구 검토 결과를 바탕으로 다음과 같은 연구 모형을 구성하였다.

→ ①: 이론적 논의 및 선행연구 검토를 진행한 후, 이에 기반하여 연구 목적에 맞는 연구 모형을 도출하였음을 기술

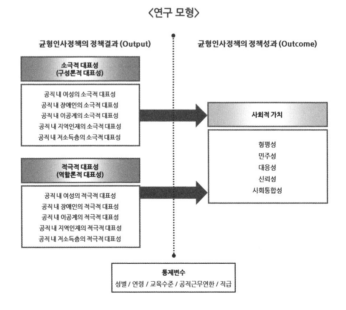

〈연구 모형〉

② 구체적으로 본 연구에서는 선행연구 검토 결과를 바탕으로 균형인사정책을 여성, 장애인, 이공계, 지역인재, 저소득층 등 5개 유형으로 구분하고, 각 제도의 정책 결과(Output)인 대표성 강화를 소극적 대표성과 적극적 대표성 등 두 가지 차원으로 구분하여 이를 선행요인으로 구성하였다(한국행정연구원, 2006; 박홍엽, 2008; 2009a; 2009b; 진종순, 2009; 서일준 외, 2014). 소극적 대표성은 균형인사정책이 해당 집단의 공직 진출 확대에 얼마만큼 기여하였는지, 인사관리에서 해당 집단에 대한 차별을 해소하는 데 얼마만큼 기여하였는지 등에 관한 내용으로, 구성론적 대표성을 의미한다. 한편 적극적 대표성은 해당 집단의 공직 진출 확대를 통해 행정 및 정책 과정에서 해당 집단의 이해가 적극적으로 반영되었는지, 정부정책에 대한 해당 집단으로부터의 신뢰성 및 수용성 향상에 얼마만큼 기여하였는지 등에 관한 내용으로, 역할론적 대표성을 의미한다. 이와 함께 본 연구에서는 이론적 논의를 바탕으로 균형인사정책의 정책 성과(Outcome)로서 사회적 가치의 확산을 결과요인으로 구성하였다. '제1차 균형인사 기본 계획(2018~2022)'에 담긴 균형인사정책의 비전과 전략을 고려할 때, 균형인사정책의 최상위 목표로서 '사회적 가치'는 개념적으로 대표성, 형평성, 민주성, 대응성, 신뢰성, 사회적 통합성 등의 가치를 담고 있음을 확인할 수 있었기에 사회적 가치의 하위 요소로 5개 세부 가치를 제시하였다. ③ 이를 기반으로 본 연구에서는 다음과 같은 연구 가설을 설정하여 인과관계 검증을 시도하였다.

가설 1. 균형인사정책을 통한 소극적 대표성 강화는 사회적 가치 확산에 정(+)의 영향을 미칠 것이다.

가설 1-1: 여성 균형인사정책을 통한 공직 내 여성의 소극적 대표성 강화는 사회적 가치 확산에 정(+)의 영향을 미칠 것이다.

가설 1-2: 장애인 균형인사정책을 통한 공직 내 장애인의 소극적 대표성 강화는 사회적 가치 확산에 정(+)의 영향을 미칠 것이다.

가설 1-3: 이공계 균형인사정책을 통한 공직 내 이공계의 소극적 대표성 강화는 사회적 가치 확산에 정(+)의 영향을 미칠 것이다.

가설 1-4: 지역인재 균형인사정책을 통한 공직 내 지역인재의 소극적 대표성 강화는 사회적 가치 확산에 정(+)의 영향을 미칠 것이다.

가설 1-5: 저소득층 균형인사정책을 통한 공직 내 저소득층의 소극적 대표성 강화는 사회적 가치 확산에 정(+)의 영향을 미칠 것이다.

가설 2. 균형인사정책을 통한 적극적 대표성 강화는 사회적 가치 확산에 정(+)의 영향을 미칠 것이다.

가설 2-1: 여성 균형인사정책을 통한 공직 내 여성의 적극적 대표성 강화는 사회적 가치 확산에 정(+)의 영향을 미칠 것이다.

가설 2-2: 장애인 균형인사정책을 통한 공직 내 장애인의 적극적 대표성 강화는 사회적 가치 확산에 정(+)의 영향을 미칠 것이다.

가설 2-3: 이공계 균형인사정책을 통한 공직 내 이공계의 적극적 대표성 강화는 사회적 가치 확산에 정(+)의 영향을 미칠 것이다.

가설 2-4: 지역인재 균형인사정책을 통한 공직 내 지역인재의 적극적 대표성 강화는 사회적 가치 확산에 정(+)의 영향을 미칠 것이다.

가설 2-5: 저소득층 균형인사정책을 통한 공직 내 저소득층의 적극적 대표성 강화는 사회적 가치 확산에 정(+)의 영향을 미칠 것이다.

→ ②: 연구 모형의 원인변수와 결과변수를 구체적으로 설명함
   특히 연구 모형을 설명하는 과정에서 각각의 변수를 해당 연구에서 어떻게 개념화·조작화했는지 구체적으로 기술함
→ ③: 연구 모형에 기반하여 연구 가설을 도출, 이를 기술함

2. 연구 방법

1) 자료 수집 방법

④ 본 연구에서는 균형인사정책을 통한 소극적·대표성 강화가 사회적 가치 확산에 미치는 영향력을 검증하기 위해 중앙행정기관 공무원을 대상으로 수집한 설문조사 자료를 활용하였다. 설문지는 2017년 10월에 이메일을 통해 배포하였으며, 이메일 및 우편으로 회수한 447명의 응답 중 불성실하게 응답한 20명의 응답은 분석에서 제외하여 총 427명의 응답을 분석에 활용하였다. 분석에 활용한 표본의 인구사회학적 특성은 아래 표와 같다.

→ ④: 자료 수집 방법에 대해 기술함(서베이 방식 활용)
　　특히 자료 수집 방법에 대해 기술하면서 설문지 배포 대상, 방법, 기간 등을 매우 구체적으로 설명하였으며, 표본의 대표성을 보여주기 위해 표본의 인구사회학적 특성을 표로 정리하여 제시함

〈표본의 인구사회학적 특성〉

구분		빈도(%)	구분		빈도(%)
성별	여성	230명(53.9%)	공직 근무 연한	5년 미만	142명(33.3%)
	남성	197명(46.1%)		5년 이상~10년 미만	118명(27.6%)
연령	20대	76명(17.8%)		10년 이상~15년 미만	94명(22.0%)
	30대	220명(51.5%)		15년 이상~20년 미만	33명(7.7%)
	40대	118명(27.6%)		20년 이상~25년 미만	24명(5.6%)
	50대	13명(3.0%)		25년 이상~30년 미만	9명(2.1%)
	60세 이상	-		30년 이상	7명(1.6%)
교육 수준	무학	1명(0.2%)	직급	고위공무원단	-
	초등학교	1명(0.2%)		3급	1명(0.2%)

교육 수준	중학교	-	직급	4급	6명(1.4%)
	고등학교	18명(4.2%)		5급	35명(8.2%)
	전문대학교	19명(4.4%)		6급	153명(35.8%)
	대학교	337명(78.9%)		7급	163명(38.2%)
	대학원(석사)	46명(10.8%)		8급	47명(11.0%)
	대학원(박사)	5명(1.2%)		9급	22명(5.2%)
종합				427명(100.0%)	

⑤ 설문지 문항은 균형인사정책의 기대효과에 대해 논의한 선행연구를 토대로 구성하였다(한국행정연구원, 2006; 박흥엽, 2008; 2009a; 2009b; 진종순, 2009; 서일준 외, 2014). 선행요인은 균형인사정책의 정책 결과로서 각 집단의 소극적·적극적 대표성 강화 수준을 측정하기 위한 문항으로 구성하였고, 결과요인은 균형인사정책의 정책 성과로서 사회적 가치 확산에 대한 기대 수준을 측정하기 위한 문항으로 구성하였다. 구체적으로 선행요인인 소극적·적극적 대표성 강화 수준을 측정하기 위해 여성, 장애인, 이공계, 지역인재, 저소득층 등 5개 균형인사정책의 세부 제도별로 소극적 대표성 강화와 관련된 각 3개 문항씩 총 15개 문항, 적극적 대표성 강화와 관련된 각 3개 문항씩 총 15개 문항으로 구성하였다. 또한 결과요인인 사회적 가치 확산에 대한 기대 수준을 측정하기 위해 형평성 1문항, 대응성 1문항, 민주성 1문항, 신뢰성 1문항, 사회통합성 1문항 등 총 5개 문항으로 구성하였다. 이와 더불어 연구 분석에서 활용한 통제요인인 인구사회학적 특성은 성별, 연령, 교육 수준, 공직 근무 연한, 직급 등 총 5개 문항으로 구성하였다. 설문 문항은 인구통계학적 특성을 제외하고 모두 리커트 7점 척도(① 매우 그렇지 않다, ② 그렇지 않다, ③ 약간 그렇지 않다, ④ 보통이다, ⑤ 약간 그렇다, ⑥ 그렇다, ⑦ 매우 그렇다)로 측정하였다.

→ ⑤: 각 변수를 실제 어떠한 문항으로 측정하였는가에 대해 표로 정리하여 제시함

측정 항목을 제시하는 것은 변수의 조작적 정의를 어떻게 했는가를 보여주기 위한 것이며, 측정의 신뢰성 및 타당성 확보 차원에서 각 항목별 출처를 함께 기술함

〈측정 항목〉

구분			측정 항목	출처
선행 요인 (소극적 대표성 및 적극적 대표성)	소극적 대표성	여성 균형 인사를 통한 소극적 대표성 강화	① 양성평등 채용목표제는 여성의 공직 진출 확대에 기여하였다. ② 공직 내 여성 확대 및 양성평등정책이 여성 공무원의 승진, 보직 등 인사관리상의 차별을 개선하는 데 기여하였다. ③ 여성 공무원의 증가로 공직 내 근무 환경이 가정 친화적으로 변화하였다.	한국 행정연구원 (2006), 박홍엽 (2009a), 진종순 (2009)
		장애인 균형 인사를 통한 소극적 대표성 강화	① 공직 내 장애인 확대를 위한 균형인사정책이 장애인의 공직 진출 확대에 기여하였다. ② 공직 내 장애인 확대를 위한 균형인사정책이 장애인 공무원의 승진, 보직 등 인사관리상의 차별을 개선하는 데 기여하였다. ③ 장애인 공무원의 증가로 공직 내 근무 환경이 장애인 친화적으로 변화하였다.	한국 행정연구원 (2006), 박홍엽 (2009a), 진종순 (2009)
		이공계 균형 인사를 통한 소극적 대표성 강화	① 공직 내 이공계 인재 확대를 위한 균형인사 정책은 이공계 인재의 공직 진출 확대에 기여하였다. ② 공직 내 이공계 인재 확대를 위한 균형인사정 책이 이공계 출신 공무원의 승진, 보직 등 인 사관리상의 차별을 개선하는 데 기여하였다. ③ 이공계 출신 공무원의 증가로 공직 내 근무 환경이 이공계 인재 친화적으로 변화하였다.	한국 행정연구원 (2006), 서일준 외 (2014), 진종순 (2009)
		지역 인재 균형 인사를 통한 소 극적 대표성 강화	① 공직 내 지역인재 확대를 위한 균형인사정책 은 지역인재의 공직 진출 확대에 기여하였다. ② 공직 내 지역인재 확대를 위한 균형인사정책 이 지방 출신 공무원의 승진, 보직 등 인사관 리상의 차별을 개선하는 데 기여하였다. ③ 지역인재 공무원의 증가로 공직 내 근무 환경 이 지역인재 친화적으로 변화하였다.	한국 행정연구원 (2006), 진종순 (2009)

선행 요인 (소극적 대표성 및 적극적 대표성)	소극적 대표성	저소득층 균형 인사를 통한 소극적 대표성 강화	① 공직 내 저소득층 인재 확대를 위한 균형인 사정책은 저소득층 인재의 공직 진출 확대에 기여하였다. ② 공직 내 저소득층 인재 확대를 위한 균형인 사정책이 저소득층 출신 공무원의 승진, 보 직 등 인사관리상의 차별을 개선하는 데 기 여하였다. ③ 공직 내 저소득층 출신 공무원의 증가로 공 직 내 근무 환경이 저소득층 인재 친화적으 로 변화하였다.	한국 행정연구원 (2006)을 참고하여 재구성
	적극적 대표성	여성 균형인 사를 통한 적극 적 대표성 강화	① 양성평등 채용목표제 및 여성 관리자 임용 확 대정책으로 정부정책 과정에서 여성의 참여 가 증가하였다. ② 양성평등 채용목표제 및 여성 관리자 임용 확 대정책으로 공직에 여성이 많이 진출하면서 정부정책에 양성평등적 가치가 균형적으로 반영되었다. ③ 여성 임용 확대나 여성 관리자 육성을 위한 적극적 양성평등정책의 실시 이후 여성으로 부터 정부정책에 대한 신뢰도 및 정책수용도 가 향상되었다.	한국 행정연구원 (2006), 박홍엽 (2009a), 진종순 (2009)
		장애인 균형 인 사를 통한 적극 적 대표성 강화	① 공직 내 장애인 확대를 위한 균형인사정책을 통해 정부정책 과정에서 장애인의 참여가 증 가하였다. ② 공직 내 장애인 확대를 위한 균형인사정책 을 통해 공직에 장애인이 많이 진출하면서 정 부정책의 장애인 차별적 요소들이 많이 개 선되었다. ③ 공직 내 장애인 확대를 위한 균형인사정책 추 진으로 장애인으로부터 정부정책에 대한 신 뢰도 및 정책수용도가 향상되었다.	한국 행정연구원 (2006), 박홍엽 (2009a), 진종순 (2009)
		이공계 균 형 인사를 통한 적극적 대표성 강화	① 공직 내 이공계 인재 확대를 위한 균형인사정 책을 통해 정부정책 과정에서 이공계 인재의 참여가 증가하였다. ② 공직 내 이공계 인재 확대를 위한 균형인사정 책을 통해 공직에 이공계 인재가 많이 진출하 면서 정부정책 과정에 이공계 친화적 요소들 이 반영되었다. ③ 공직 내 이공계 인재 확대를 위한 균형인사정 책 추진으로 이공계로부터 정부정책에 대한 신뢰도 및 정책수용도가 향상되었다.	한국 행정연구원 (2006), 서일준 외 (2014), 진종순 (2009)

선행 요인 (소극적 대표성 및 적극적 대표성)	적극적 대표성	지역인재 균형 인 사를 통한 적극 적 대표성 강화	① 공직 내 지역인재 확대를 위한 균형인사정책 을 통해 정부정책 과정에서 지역인재의 참여 가 증가하였다. ② 공직 내 지역인재 확대를 위한 균형인사정책 을 통해 공직에 지역인재가 많이 진출하면서 정부정책 과정에 국가 균형발전 시각이 반영 되어 지역 차별적 요소들이 많이 개선되었다. ③ 공직 내 지역인재 확대를 위한 균형인사정책 추진으로 지역주민들로부터 정부정책에 대 한 신뢰도 및 정책수용도가 향상되었다.	한국 행정연구원 (2006), 진종순 (2009)
		저소득층 균형 인 사를 통한 적극 적 대표성 강화	① 공직 내 저소득층 인재 확대를 위한 균형인사 정책을 통해 정부정책 과정에서 저소득층 인 재의 참여가 증가하였다. ② 공직 내 저소득층 인재 확대를 위한 균형인사 정책을 통해 공직에 저소득층 인재가 많이 진 출하면서 정부정책 과정에 저소득층 친화적 요소들이 반영되었다. ③ 공직 내 저소득층 인재 확대를 위한 균형인사 정책 추진으로 저소득층으로부터 정부정책 에 대한 신뢰도 및 정책수용도가 향상되었다.	한국 행정연구원 (2006)을 참고하여 재구성
결과요인 (사회적 가치)			① 균형인사정책은 행정의 민주성 향상에 기여 할 것이다. ② 균형인사정책은 행정의 다양성 향상에 기여 할 것이다. ③ 균형인사정책은 사회적 형평성 향상에 기여 할 것이다.	
결과요인 (사회적 가치)			④ 균형인사정책은 사회통합성 향상에 기여할 것이다. ⑤ 균형인사정책은 국민신뢰도 향상에 기여할 것이다. ⑥ 균형인사정책은 사회적 가치 실현에 기여 할 것이다.	-

※ 통제요인(인구사회학적 특성)
- 성별: 남성 / 여성(분석 시 더미변수로 변환하여 활용: 남성=0, 여성=1)
- 연령: 20대 / 30대 / 40대 / 50대 / 60세 이상
- 교육 수준: 무학 / 초등학교 졸업 / 중학교 졸업 / 고등학교 졸업 / 전문대학교 졸업 / 대학교
   졸업 / 대학원 석사 졸업 / 대학원 박사 졸업
- 공직 근무 연한: 5년 미만 / 5년 이상-10년 미만 / 10년 이상-15년 미만 / 15년 이상-20년 미
   만 / 20년 이상-25년 미만 / 25년 이상-30년 미만 / 30년 이상
- 직급: 고위공무원단 / 3급 / 4급 / 5급 / 6급 / 7급 / 8급 / 9급

2) 자료 분석 방법

⑥ 본 연구에서는 균형인사정책의 구현을 통한 소극적·적극적 대표성 강화가 사회적 가치 확산에 미치는 영향력을 검증하기 위해 3단계 자료 분석 과정을 거쳤다. 첫째, 사회적 가치에 대한 측정 도구의 타당성 검증을 위해 탐색적 요인 분석을 실시하였다. 둘째, 균형인사를 통한 소극적 대표성·적극적 대표성 및 사회적 가치 실현에 대한 인식 수준을 살펴보기 위해 기초 통계 분석을 진행하였다. 마지막으로 소극적 대표성·적극적 대표성과 사회적 가치 확산 간의 인과관계 검증을 위해 다중 회귀 분석을 실시하였다.

→ ⑥: 자료 분석 방법에 대해 구체적으로 기술함

자료: 한국행정논집 31(2)에 게재된 김선아·박성민(2019)의 연구논문 내용 일부 발췌

연구논문 사례 2(김선아 & 박성민, 2018)

연구 제목
– 여성 근로자의 직장생활의 질 향상을 위한 연구 : 조직 내 다양성 관리 전략의 역할 검증을 중심으로

연구 질문
– 여성 근로자 개인이 경험하는 심리 특성, 직무 특성, 전이 특성 중에서 직장생활의 질 향상에 있어 가장 중요한 역할을 하는 요인은 무엇인가?

- 여성 근로자의 직장생활의 질 향상에 있어 조직의 다양성 관리 전략은 의미 있는 역할을 하고 있는가?

Ⅲ. 연구 설계

1. 연구 모형

① 여성 근로자의 직장생활의 질에 관한 이론적 논의 및 선행연구 검토 결과를 토대로 본 연구에서는 선행요인으로 심리 특성, 직무 특성, 전이 특성을 제시하였고, 조절요인으로 다양성 관리를 제시하였다. 더불어 통제변수로 인구사회학적 특성을 제시하였다. ② 구체적으로 〈그림 1〉에서 보는 바와 같이 여성 근로자의 직장생활의 질 선행요인으로 심리 특성은 스트레스와 우울감, 직무 특성은 직무 적합성과 직무 만족도, 전이 특성은 직장−일상 긍정적 전이와 직장−일상 부정적 전이 등 각각 두 가지 요소로 구성하였으며, 통제변수는 연령, 최종 학력, 배우자 유무, 자녀 유무, 종교 유무 등 다섯 가지 요소로 구성하였다. 이와 더불어 조절요인인 다양성 관리는 소극적 다양성 관리와 적극적 다양성 관리 등 두 가지 요소로 구성하였다.

③ 특히 본 연구에서는 이러한 연구 모형을 바탕으로 분석을 진행함에 있어 분석 대상을 공공조직과 민간조직으로 이원화하여 부문별 변수 간 차이성 검증과 함께 회귀 분석을 통한 변수 간 영향성 검증을 시행하였다. 조직의 존재 목적을 비롯하여 조직이 제공하는 재화와 서비스, 직무 특성 등의 측면에서 민간조직과 공공조직 간에는 분명한 차이가 존재하고, 이러한 차이는 인사 및 조직 관리에 있어 전략 측면의 차이뿐만 아니라 조직 구성원들의 심리적·정서적 측면의 차이로 연계되기 때문이

다(Rainey, 2014). 이와 더불어 소극적 다양성 관리의 맥락에서 공공조직, 특히 정부 부문의 경우 양성평등 채용목표제와 여성 관리자 임용목표제 등을 통해 채용 및 승진 등에 있어 여성에 대한 차별을 철폐하기 위한 제도적 장치를 마련하여 운영하고 있는 반면, 민간조직의 경우 일부 조직에서만 여성 채용할당제 등을 운영하고 있기 때문에 두 조직 간에는 인사관리 측면의 성평등 구현 정도에 분명한 차이가 발생하고 있다. 뿐만 아니라 적극적 다양성 관리의 맥락에서도 여성 친화적 일과 삶 균형 정책의 제도적 구현 및 시행 측면에서 공공조직이 민간조직보다 앞서 나가고 있는 상황이다. ④ 이처럼 공공조직과 민간조직은 구성원들의 내적 특성을 비롯하여 다양성 관리 제도의 구현 측면에서도 차이를 나타내고 있기 때문에 통계적 오류를 최소화하여 연구의 내용적 타당성을 제고하고자 두 조직을 구분하여 분석을 진행하였다.

〈연구 모형〉

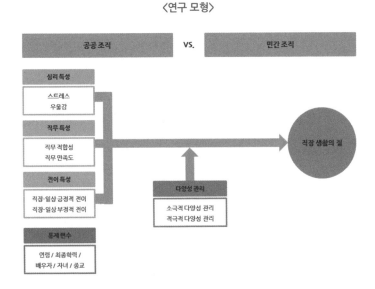

→ ①: 이론적 논의 및 선행연구 검토를 진행한 후, 이에 기반하여 연구 목적에 맞는 연구

모형을 도출하였음을 기술

→ ②: 연구 모형의 원인변수, 통제변수, 결과변수를 구체적으로 설명함

→ ③: 분석의 대상을 공공조직과 민간조직으로 구분하였음을 기술함

→ ④: 분석의 대상을 2개 집단으로 분리한 이유에 대해 이론적 측면, 방법론적 측면으로 구분하여 설득력 있게 제시함

2. 연구 내용

1) 여성 근로자의 직장생활의 질 선행요인 검증

⑤ 본 연구에서는 여성 근로자의 직장생활의 질 선행요인으로 심리특성, 직무 특성, 전이 특성 등 3개 요인을 제시하였다. 이를 구체적으로 살펴보면 다음과 같다. 먼저 심리 특성은 스트레스와 우울감 등 2개 요소를 포함한다. 스트레스와 우울감은 자신이 감당할 수 있는 범위를 넘어선 외부 자극에 대한 반응으로 불안감, 긴장감 등의 심리적 불안 상태를 의미한다(Selye, 1956; Seward, 1999). 이러한 스트레스와 우울감은 대부분의 현대인들이 빈번하게 경험하고 있는 부정적 감정 상태로, 이는 즐거움, 활력 등 긍정적 심리자본의 형성을 방해하고 삶의 동력을 잃게 만들어 직장생활의 질을 저해하는 핵심 요소로 지적되고 있다(박성민·김선아, 2015). 이와 더불어 직무 특성은 직무 적합성과 직무 만족도 등 2개 요소를 포함한다. 직무 적합성은 개인이 보유한 역량과 직무가 요구하는 역량 간의 일치 정도를 의미하며, 직무 만족도는 직무 수행 과정에서 경험하게 되는 긍정적인 심리 상태를 의미한다(Kim & Park, 2014; 김선아 외, 2014). 이에 직무 적합성과 직무 만족도는 직장생활에서 개인의 긍정적 태도 형성의 핵심 요소로 제시되고 있었다. 마지막으로, 전이 특성은 직장–일상 긍정적 전이와 직장–일상 부정적 전이 등 2개 요소를 포함한다. 직장–일상 긍정적 전이는 직장생활의 지속을 통해 일상생활에서 긍정적 감정을 느끼거나 일상생활에서 가족들로부터 받는 지지가 직장생활의 활력

으로 연계되는 경험을 의미한다. 반면 직장–일상 부정적 전이는 직장생활의 부정적 경험이 일상생활의 부정적 감정으로 연계되거나 일상생활의 부정적 경험이 직장생활의 부정적 감정으로 연계되는 갈등적 경험을 의미한다. 이에 직장–일상 긍정적 전이는 개인 삶의 질을 향상시키고, 직장–일상 부정적 전이는 개인 삶의 질을 저해하는 주요 요인으로 제시되고 있었다. 이러한 논의를 종합하여 본 연구에서는 다음과 같은 가설을 설정하였다.

→ ⑤: 선행요인으로 제시한 특성별 하위 변수와 해당 변수를 어떻게 개념화했는지에 대해 구체적으로 기술하였고, 이와 함께 가설을 제시함

가설 1. 심리 특성은 여성 근로자의 직장생활의 질에 부(–)의 영향을 미칠 것이다.

가설 1-1: 스트레스는 여성 근로자의 직장생활의 질에 부(–)의 영향을 미칠 것이다.

가설 1-2: 우울감은 여성 근로자의 직장생활의 질에 부(–)의 영향을 미칠 것이다.

가설 2. 직무 특성은 여성 근로자의 직장생활의 질에 정(+)의 영향을 미칠 것이다.

가설 2-1: 직무 적합성은 여성 근로자의 직장생활의 질에 정(+)의 영향을 미칠 것이다.

가설 2-2: 직무 만족도는 여성 근로자의 직장생활의 질에 정(+)의 영향을 미칠 것이다.

가설 3. 전이 특성은 여성 근로자의 직장생활의 질에 영향을 미칠 것이다.

가설 3-1: 직장–일상 긍정적 전이는 여성 근로자의 직장생활의 질에 정(+)의 영향을 미칠 것이다.

가설 3-2: 직장–일상 부정적 전이는 여성 근로자의 직장생활의 질에 부(–)의 영향을 미칠 것이다.

2) 여성 근로자의 직장생활의 질 결정에 있어 다양성 관리의 역할 검증

⑥ 본 연구에서는 여성 근로자의 심리 특성, 직무 특성, 전이 특성과 직장생활의 질 간의 관계에 있어 조절요인으로 다양성 관리를 제시하였고, 이를 소극적 다양성 관리와 적극적 다양성 관리 등 2개 요소로 구분하였다. 소극적 다양성 관리는 외적 다양성인 성별에 대한 차별을 철폐하기 위한 관리 활동 즉 채용, 교육·훈련, 평가·보상 등 인사관리 프로세스 전반에서 성평등을 확보하기 위한 제도적 노력을 의미하며, 적극적 다양성 관리는 내적 다양성인 선호 및 욕구 체계의 차이를 포용하기 위한 관리 활동으로 일과 삶 균형정책의 구현 정도를 의미한다(유민봉·박성민, 2014; 박성민·김선아, 2015). 특히 본 연구에서는 적극적 다양성 관리 제도인 일과 삶 균형정책을 유연근무제도, 친가족제도, 개인성장지원제도 등 3개 유형으로 구분하여 논의하였다(김선아 외, 2013; 유민봉·박성민, 2014; 박성민·김선아, 2015). 유연근무제도는 조직 구성원에게 근무시간, 근무일수 등에 있어 선택의 자율성을 부여하는 제도를 의미하며, 친가족제도는 조직 구성원이 일상생활의 영역에서 가족의 일원으로서 기대되는 역할을 충실히 수행할 수 있도록 지원하는 제도를 의미한다. 마지막으로, 개인성장지원제도는 조직 구성원의 신체적·정신적 성장 및 자아실현을 지원하기 위한 제도를 의미한다. 소극적 다양성 관리는 여성 근로자로 하여금 조직의 인사관리 정책에 대한 공정성 지각 수준을 향상시켜 부정적 감정을 완화하는 데 기여하며, 적극적 다양성 관리는 직장 및 일상의 영역에서 여성 근로자의 역할 갈등을 최소화하여 긍정적 감정 형성에 기여한다는 측면에서 그 중요성을 발견할 수 있다. 이러한 논의를 종합하여 본 연구에서는 다음과 같은 가설을 설정하였다.

→ ⑥: 통제요인으로 제시한 특성별 하위 변수와 해당 변수를 어떻게 개념화했는지에 대해

가설 4. 다양성 관리는 여성 근로자의 직장생활의 질에 정(+)의 영향을 미칠 것이다.

가설 4-1: 소극적 다양성 관리는 여성 근로자의 직장생활의 질에 정(+)의 영향을 미칠 것이다.

가설 4-2: 적극적 다양성 관리는 여성 근로자의 직장생활의 질에 정(+)의 영향을 미칠 것이다.

4-2-1: 유연근무제도는 여성 근로자의 직장생활의 질에 정(+)의 영향을 미칠 것이다.

4-2-2: 친가족제도는 여성 근로자의 직장생활의 질에 정(+)의 영향을 미칠 것이다.

4-2-3: 개인성장지원제도는 여성 근로자의 직장생활의 질에 정(+)의 영향을 미칠 것이다.

가설 5. 다양성 관리는 선행요인과 여성 근로자의 직장생활의 질 간의 관계를 조절할 것이다.

가설 5-1: 소극적 다양성 관리는 선행요인과 여성 근로자의 직장생활의 질 간의 관계를 조절할 것이다.

가설 5-2: 적극적 다양성 관리는 선행요인과 여성 근로자의 직장생활의 질 간의 관계를 조절할 것이다.

5-2-1: 유연근무제도는 선행요인과 여성 근로자의 직장생활의 질 간의 관계를 조절할 것이다.

5-2-2: 친가족제도는 선행요인과 여성 근로자의 직장생활의 질 간의 관계를 조절할 것이다.

5-2-3: 개인성장지원제도는 선행요인과 여성 근로자의 직장생활의 질 간의 관계를 조절할 것이다.

3. 조직화와 측정

ⓐ 본 연구에서 사용된 변수의 측정 항목을 구체적으로 살펴보면 아래의 표와 같다. 선행요인은 심리 특성의 경우 스트레스 3문항과 우울감 6문항, 직무 특성의 경우 직무 적합성 2문항과 직무 만족도 4문항, 전이 특성의 경우 긍정적 전이 5문항과 부정적 전이 3문항 등으로 구성하였다. 이와 더불어 조절요인인 다양성 관리의 경우 소극적 다양성 관리 5문항, 적극적 다양성 관리 중 유연근무제도 2문항, 친가족제도 6문항, 개인성장지원제도 2문항으로 구성하였고, 결과요인인 직장생활의 질의 경우 6문항으로 구성하였다.

→ ⓐ: 선행요인, 통제요인, 결과요인의 조작적 정의, 즉 어떻게 측정하였는가에 대해 표로 정리하여 제시함

ⓑ 특히 본 연구에서는 해석의 용이성을 위해 선행요인 중 직무 적합성을 제외한 나머지 변수와 결과요인인 직장생활의 질 변수에 대해 역코딩 과정을 거쳤다. 더불어 본 연구에서는 한국여성정책연구원의 2차 자료(Primary Data)인 '여성가족패널(KLoWF)' 제5차(2016년) 자료를 활용하였다. 해당 데이터는 측정 항목에 따라 척도 단위 및 유형이 다르게 구성되어 있는데(단위: 3점, 4점, 5점 등, 유형: 명목, 서열, 등간 등) 현황 분석에서 비교의 용이성을 위해 4점 척도를 5점으로 가공하여 활용하였다. 이외에 5점 척도로 측정된 직무 적합성과 명목 척도로 측정된 적극적 다양성 관리의 경우, 동일한 데이터를 활용하여 본 연구와 유사한 변수를 구성한 후 분석에 활용한 선행연구의 측정 방식을 참고하여 3점 척도 및 5점 척도로 변환하였다(김선아 외, 2013).

→ ⓑ: 해당 연구는 2차 자료를 활용하여 분석을 진행하였는데, 2차 자료를 본 연구의 분석

자료로 활용하기 위해 어떻게 가공하였는지 구체적으로 기술함

〈구성 개념별 측정 항목〉

구성 개념			문항	척도
선행 요인	심리 특성	스트 레스	① 직장이나 가정 또는 학교에서 스트레스를 받는다. ② 나는 경제적인 문제로 스트레스를 받는다. ③ 나는 사람들과의 관계 때문에 스트레스를 받는다.	등간척도 (가공)
		우울감	① 상당히 우울했다. ② 평소에는 아무렇지도 않던 일들이 귀찮게 느껴졌다. ③ 무슨 일을 하든 정신을 집중하기 힘들었다. ④ 모든 일들이 힘들게 느껴졌다. ⑤ 세상에 홀로 있는 듯한 외로움을 느꼈다. ⑥ 도무지 무엇을 시작할 기운이 나지 않았다.	등간척도 (가공)
	직무 특성	직무 적합성	① 나의 교육 수준과 비교하여 직무 수준이 적합하다. ② 나의 업무능력(기술·기능) 수준과 비교하여 직무 수준이 적합하다.	등간척도 (가공)
		직무 만족도	① 현재 하고 있는 일에 대해 전반적으로 만족한다. ② 현재 하고 있는 일의 내용에 만족한다. ③ 현재 하고 있는 일을 통한 나의 발전 가능성에 만족한다. ④ 현재 하고 있는 일의 성과에 대한 인정에 만족한다.	등간척도 (역코딩)
선행 요인	전이 특성	긍정적 전이	① 일을 하는 것은 내게 삶의 보람과 활력을 준다. ② 일을 함으로써 식구들한테 더 인정받을 수 있다고 생각한다. ③ 일을 함으로써 가정생활도 더욱 만족스러워진다. ④ 일을 하는 것은 자녀들에게 긍정적인 영향을 준다. ⑤ 식구들이 내가 하는 일을 인정해주어 일을 더 열심히 하게 된다.	등간척도 (가공)
		부정적 전이	① 일하는 시간이 너무 길어서 가정생활에 지장을 준다. ② 일하는 시간이 불규칙해서 가정생활에 지장을 준다. ③ 집안일이 많아서 직장 일을 할 때도 힘들 때가 많다.	등간척도 (가공)

조절 요인	다양성 관리	소극적 다양성 관리	① 사람을 뽑을 때 비슷한 조건이면 여자보다 남자를 더 선호하는 편이다. ② 경력이 같거나 비슷해도 남자 직원이 여자 직원보 다 승진이 빠른 편이다. ③ 직급이 같거나 비슷해도 남자 직원의 월급이나 수 당이 여자 직원보다 많은 편이다. ④ 비슷한 업무를 해도 남자 직원이 여자 직원보다 교 육이나 연수받을 기회가 더 많다. ⑤ 구조조정을 할 경우에 남자 직원보다 여자 직원이 그만두는 경우가 더 많다.	등간척도 (가공)
		적극적 다양성 관리	• 유연근무제도 ① 탄력근로·시차출퇴근제 ② 육아기 근로시간 단축제 • 친가족제도 ① 산전후 휴가(유사 산후 휴가 포함) ② 육아휴직 ③ 출산장려금 ④ 보육비 지원 ⑤ 직장 보육시설 ⑥ 자녀학자금 지원 • 개인성장지원제도 ① 교육훈련 프로그램 ② 의료비 지원	등간척도 (가공)
결과 요인	직장생활의 질		① 임금 또는 소득 수준에 만족한다. ② 고용의 안정성에 만족한다. ③ 근로 환경에 만족한다. ④ 근로시간에 만족한다. ⑤ 직장 내 의사소통 및 인간관계에 만족한다. ⑥ 복리후생에 만족한다.	등간척도 (역코딩)

자료: 한국여성정책연구원의 '여성가족패널(KLoWF)' 제5차(2016년) 데이터 활용

4. 자료 수집 및 분석 방법

⑨ 본 연구에서는 가설 검증을 위해 한국여성정책연구원의 2차 자료인 '여성가족패널(KLoWF)' 제5차(2016년) 자료를 활용하였다. 2016년 여성가족패널 5차 조사에서는 약 8,000여 명을 대상으로 설문을 진행하였는

데, 이 중 임금 근로자를 추출한 후 공공조직 구성원 406명, 민간조직 구성원 1,601명 등 총 2,007명의 자료를 분석에 활용하였다.

→ ⑨: 어떠한 2차 자료를 활용하였는지 구체적으로 기술하였고, 실제 분석에 활용한 표본에 대해 설명함

⑩ 이러한 자료는 4단계 분석 과정을 거쳤다. 첫째, 직장생활의 질 및 직장생활의 질 결정요인에 대한 현황 및 인식 수준을 살펴보기 위해 기초 통계 분석을 진행하였으며, 공공조직과 민간조직 구성원 간의 차이를 비교하기 위해 t-test를 실시하였다. 둘째, 가설 검증을 위한 전 단계로 설문 문항에 대한 측정 도구의 신뢰도 검증을 위해 내적 일관성 분석을 실시하였으며, 타당도 검증을 위해 탐색적 요인 분석을 실시하였다. 셋째, 선행요인인 여성 근로자의 심리 특성, 직무 특성, 전이 특성과 조절요인인 다양성 관리 및 결과요인인 직장생활의 질 간의 인과관계 검증을 위해 다중 회귀 분석을 실시하였다. 마지막으로 선행요인인 심리 특성, 직무 특성, 전이 특성과 결과요인인 직장생활의 질 간의 관계에 있어 다양성 관리의 조절효과 검증을 위해 단계적 회귀 분석을 실시하였다.

→ ⑩: 자료 분석 방법에 대해 구체적으로 기술함

자료: 여성연구 97(2)에 게재된 김선아·박성민(2018)의 연구논문 내용 일부 발췌

연구논문 사례 3(김선아 & 박성민, 2017)

연구 제목

− 인사혁신 전략 수립의 유형화와 최적화에 관한 탐색적 연구: 중앙행정

기관을 중심으로

연구 질문
- 정부 인사혁신에 있어 조직 특성을 반영하기 위한 적정 수준의 분류 기준은 무엇인가?
- 적정 분류 기준에 따른 중앙행정기관 유형별 최적화된 인사혁신 전략은 무엇인가?

Ⅲ. 연구 설계

1. 연구 내용

① 본 연구의 목적은 인사혁신을 추진하는 데 있어 조직 특성을 반영하기 위한 적정 수준의 분류 기준을 탐색하고, 이를 바탕으로 중앙행정기관을 유형화하여 조직 유형별로 최적화된 인사혁신 전략을 제시하는 데 있다. 이에 중앙행정기관의 전략적 인사혁신 목표에 대한 중요도 인식에 차이를 유발하는 다양한 조직 특성을 핵심 기준요인으로 범주화하고, 해당 기준요인을 토대로 중앙행정기관을 유사 속성에 따라 유형화하여 각 유형별로 조직 특성을 반영한 최적화된 인사혁신 전략을 도출하였다.

② 이를 위해 본 연구에서는 정부 통계 자료 및 전문가 설문조사를 바탕으로 조직 특성에 관한 자료를 수집하고 상관관계 분석 및 탐색적 요인 분석을 바탕으로 전략적 인사혁신 목표의 중요도 인식에 있어 차이를 유발하는 조직의 예산 규모, 현원 규모, 특정직 비율, 업무의 일반

<分석의 틀>

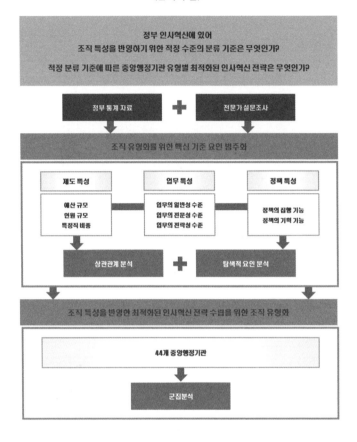

성 수준, 업무의 전문성 수준, 업무의 전략성 수준, 정책의 기능적 특성 등 8개의 조직 특성을 핵심 기준요인으로 범주화하였다. 그리고 이러한 기준요인을 바탕으로 군집 분석을 시행하여 44개 중앙행정기관을 유사 속성에 따라 유형화하여 각 유형별로 조직 특성을 반영한 최적화된 인사혁신 전략을 도출하였다.

→ ①: 연구 목적을 정리하여 제시함

→ ②: 연구 목적을 상기하며 어떠한 과정을 거쳐 연구를 수행했는지 정리하여 제시하였고,
　　이러한 연구 진행 과정을 도식화하여 〈분석의 틀〉을 제시함

2. 연구 방법

1) 자료 수집 방법

③ 본 연구에서는 정부 통계 자료 및 전문가 설문조사를 통해 정부
인사혁신에서 고려해야 할 조직의 특성으로 제도 특성인 예산 규모,
현원 규모, 특정직 비중과 업무 특성인 업무의 일반성 수준, 전문성 수
준, 전략성 수준, 그리고 정책의 기능적 특성인 정책의 기획 기능과 집
행 기능 등 8개 요소에 대해 정보를 수집하였다.[1] 이를 구체적으로 살펴
보면 아래 표와 같다.

→ ③: 자료 수집 방법에 대해 구체적으로 기술함
　　특히 해당 연구에서는 연성 자료(Soft Data)가 아닌 경성 자료(Hard Data)를 활용했
　　기에, 각 데이터별 출처를 구체적으로 기술함

〈조직 특성별 측정 항목 및 척도〉

구분		측정 항목	척도	출처
제도 특성	예산	●세출 예산(2015년 기준)	비율척도	기획재정부
	현원	●현원 규모(2014년 12월 31일 기준)	비율척도	인사혁신처
	특정직 비율	●현원 규모 중 특정직 비율(2014년 12월 31 일 기준)	비율척도	인사혁신처

---

[1] 전문가 설문조사는 44개 중앙행정기관 인사담당자를 대상으로 2015년 9월 1일부터 9월 21일까지 대면 설
문 조사 및 이메일 설문조사를 시행하였으며, 회수된 설문지는 총 44부로 전체 회수율은 100%로 나타났다.

업무 특성	업무의 일반성	• 소속 기관의 업무가 매년 혹은 주기적으로 반복적인 것이 많다. • 기존 절차와 관행에 따라 실수 없이 업무를 수행할 것을 강조한다.	등간척도 (7점)	설문조사
	업무의 전문성	• 우리 기관의 일은 민간조직에 비해 높은 수준의 전문성을 요구한다. • 우리 기관에는 평생 동안 전문성을 쌓아야 할 필요가 있는 이질적인 분야가 3개 이상 존재한다.	등간척도 (7점)	설문조사
	업무의 전략성	• 우리 기관의 업무는 국가의 전략 수립과 미래 예측 기능 설계에 초점이 맞추어져 있다. • 우리 기관은 기관이 수립한 비전, 목표의 실현과 성과 달성을 위해 전략적, 미래 예측적 관리 기법을 적극적으로 활용하고 있다.	등간척도 (7점)	설문조사
정책 특성	정책 집행 기능	• 우리 기관은 주로 집행 기능을 담당한다.	등간척도 (7점)	설문조사
정책 특성	정책 기획 기능	• 우리 기관은 주로 기획 기능을 담당한다.	등간척도 (7점)	설문조사

2) 자료 분석 방법

(1) 조직 유형화에 있어 핵심 기준요인 범주화를 위한 분석 방법

④ 본 연구에서는 인사혁신의 부문 및 기능별 전략적 인사혁신 목표의 중요도 인식에서 차이를 유발하는 8개 조직 특성 요인을 핵심 기준요인으로 범주화하기 위해 상관관계 분석과 요인 분석을 진행하였다.

이에 탐색적 차원에서 8개 요인 간의 연관성이 존재하는가를 사전적으로 검증하기 위해 연관성 분석을 시행하였다. 연관성 분석은 변수의 척도가 명목척도이거나 서열척도로 구성된 경우 교차분석을, 등간척도나 비율척도로 구성된 경우 상관관계 분석을 시행하게 된다. 본 연구에서는 조직 유형화를 위한 8개 기초 요인 모두 등간척도와 비율척도로 구성하였기 때문에 상관관계 분석을 실시하였다.

상관관계 분석을 통해 일부 변수 간 연관성이 존재함을 확인하였고, 이에 핵심 기준요인으로 범주화하기 위해 요인 분석을 실시하였다. 요인 분석은 잠재변수 혹은 잠재요인의 탐색 및 확인을 위해 사용되는 계량적 방법론으로, 탐색적 요인 분석(EFA: Exploratory Factor Analysis)과 확인적 요인 분석(CFA: Confirmatory Factor Analysis) 등 2개 유형으로 구분할 수 있다(이훈영, 2006: 337). 탐색적 요인 분석은 분명한 이론적 근거가 없는 상태에서 변수 간의 공통적 속성을 탐색적으로 검토하는 분석 방법이며(이훈영, 2006: 338), 확인적 요인 분석은 이론적 근거를 바탕으로 변수를 구성하고 이것이 타당한지를 검증하는 분석 방법이다. 본 연구에서는 조직 특성을 나타내는 8개 기초 요인을 핵심 기준요인으로 범주화하기 위해 상관계수를 토대로 공통 요인을 도출하기 위한 탐색적 요인 분석을 적용하였다.

→ ④: 1차 연구 목적을 달성하기 위한 자료 분석 방법에 대해 기술함

(2) 핵심 기준요인을 바탕으로 조직을 유형화하기 위한 분석 방법

⑤ 본 연구에서는 상관관계 분석과 탐색적 요인 분석을 통해 인사혁신에 있어 조직 간 차이를 유발하는 요소를 조직의 규모, 일반행정가적 업무 및 정책 특성, 전문행정가적 업무 및 정책 특성 등 3개의 핵심 기준요인으로 범주화하였고, 3개 요인에 대한 요인값을 토대로 조직 특성을 반영한 최적화된 인사혁신 전략 도출을 위한 조직 유형화를 시도하였다. 조직 유형화에 있어 대표적인 통계적 분석 기법은 군집 분석(Cluster Analysis)과 잠재적 집단 분석(LCA: Latent Class Analysis) 등 2개 유형으로 구분하여 살펴볼 수 있다. 두 분석 방법의 차이는 분석자료의 특성 측면과

집단 분류의 근거 측면으로 구분할 수 있다. 첫째, 분석자료 특성 측면의 차이점을 살펴보면 일반적으로 군집 분석은 분석자료가 서열척도, 등간척도, 비율척도 등 연속형 자료로 구성되었을 때 사용하는 분석 방법인 반면, 잠재적 집단 분석은 분석자료가 명목척도와 같은 범주형 자료로 구성되었을 때 사용하는 분석 방법이다. 따라서 군집 분석은 자료의 정규성, 분산의 동질성, 선형성 등과 같은 통계적 가정을 기초로 분석이 진행되지만, 잠재적 집단 분석은 이러한 통계적 가정을 필요로 하지 않는다(김사현·홍경준, 2010). 둘째, 집단 분류 근거 측면의 차이점을 살펴보면 군집 분석은 이론에 근거하여 사전에 분류하고자 하는 군집의 수를 지정하는 방식으로 분석을 진행하는 연역적 접근 방식을 취하지만, 잠재적 집단 분석은 최대우도법(ML: Maximum Likelihood) 추정 방식을 기반으로 하여 모형적합도 지수를 바탕으로 통계적으로 타당한 군집의 수를 결정하는 귀납적 접근 방식을 취한다(이훈영, 2006; 김사현·홍경준, 2010).

이러한 논의를 종합해볼 때, 본 연구에서는 중앙행정기관을 유형화하기 위해 수집된 조직 특성에 관한 자료를 모두 연속형 자료로 구성하였기 때문에 군집 분석을 통해 중앙행정기관을 유형화하였다.

'군집 분석'은 여러 개체들을 유사한 속성을 바탕으로 몇 개의 집단으로 그룹화한 다음 각 집단의 성격을 살펴보면서 데이터 전체의 주고를 이해하고자 하는 탐색적 분석 방법이다(강남준 외, 2008). 군집 분석은 분석 대상 간 유클리디안 거리로 측정한 거리 정보를 통해 가까이 있는 개체들을 그룹화하게 되는데, 이때 군집 내 구성원들 간에는 동질성이, 군집 간 구성원들 간에는 이질성이 최대화되도록 집단을 분류하게 된다(이훈영, 2006: 307). 군집 분석을 위한 자료는 거리 측정에 사용할 수 있는 변수여야 하므로 등간척도나 비율척도로 구성해야 하며, 거리 측정은 측정 단위와 관계없이 일정하게 이루어지기 때문에 변수를 표준화하여 사용해야 한다(이훈영, 2006: 307).

군집 분석의 유형은 군집화 방법에 따라 계층적, 비계층적, 중복 군집 분석으로 분류된다. 계층적 군집 분석과 비계층적 군집 분석은 하나의 개체가 반드시 하나의 군집에만 포함되도록 하는 반면, 중복 군집 분석은 하나의 개체가 2개 이상의 서로 다른 군집에 동시에 포함되는 것이 가능한 분석 방법이다(이훈영, 2006: 307). 이에 본 연구에서는 조직 특성을 반영한 최적화된 인사혁신 전략 도출을 위한 조직 유형화에 있어 각 집단을 배타적으로 구성하기 위해 계층적 군집 분석과 비계층적 군집 분석을 적용하였다.

계층적 군집 분석은 개별 요소의 거리를 바탕으로 근거리에 있는 요소들을 결합해 나가면서 나무 모양의 계층구조를 형성해가는 방법으로, 덴드로그램을 바탕으로 군집 형성 과정을 정확히 파악할 수 있으나 자료의 수가 많을 경우 분석의 정확성이 저하된다는 단점이 있다(이훈영, 2006). 반면 비계층적 군집 분석은 연구자의 판단을 바탕으로 군집의 수를 설정한 상태에서 설정된 군집의 중심에서 근거리에 있는 요소를 포함해 나가는 방법으로, 자료의 수가 많아도 적용이 가능하지만 군집의 수를 임의로 설정해야 하고 초기 값에 따라 군집 분석 결과가 달라질 수 있다는 단점이 있다(이훈영, 2006). 이에 실제 유형화에 있어서는 계층적 군집 분석과 비계층적 군집 분석을 보완적으로 활용하게 된다. 우선 계층적 군집 분석을 통해 적정 군집 수를 탐색한 후, 분산 분석을 통해 계층적 군집 분석으로 분류된 군집의 수에 대한 타당성 검증을 바탕으로 군집의 수를 확정한다. 그 후 확정된 군집의 수를 바탕으로 비계층적 군집 분석을 시행하여 군집을 분류하고, 마지막으로 비계층적 군집 분석 결과에 대한 분산 분석을 통해 분류된 군집에 대한 통계적 타당성 검증을 토대로 최종적으로 군집 분류를 완료하게 된다. 이에 본 연구에서도 이러한 순서에 따라 계층적 군집 분석과 비계층적 군집 분석을 보완적으로 적용하였다.

→ ⑤: 2차 연구 목적을 달성하기 위한 자료 분석 방법에 대해 기술함

<분석 방법>

구분	분석 방법	목적
조직 유형화를 위한 핵심 기준요인 범주화	• 상관관계 분석	• 전략적 인사혁신 목표의 중요도 인식에 있어 차이를 발생시킨 8개 요인 간의 연관성 탐색
	• 탐색적 요인 분석	• 8개 요인 간 연관성을 바탕으로 핵심 기준 요인 도출
조직 특성을 반영한 최적화된 인사혁신 전략 수립을 위한 조직 유형화	• 계층적 군집 분석	• 적정 군집 수의 탐색
	• 계층적 군집 분석에 대한 분산 분석	• 계층적 군집 분석의 통계적 유의성 검증
	• 비계층적 군집 분석	• 군집에 따른 유형 분류
	• 비계층적 군집 분석에 대한 분산 분석	• 비계층적 군집 분석의 통계적 유의성 검증

자료: 국정관리연구 12(4)에 게재된 김선아·박성민(2017)의 연구논문 내용 일부 발췌

제5장

〈실증 분석〉의 이해

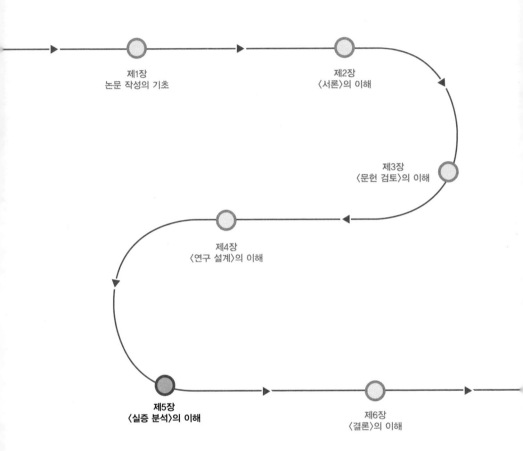

제1장
논문 작성의 기초

제2장
〈서론〉의 이해

제3장
〈문헌 검토〉의 이해

제4장
〈연구 설계〉의 이해

**제5장
〈실증 분석〉의 이해**

제6장
〈결론〉의 이해

제1절

〈실증 분석〉의 의의

연구논문의 중간 과정에 해당하는 〈실증 분석〉은 연구 모형과 가설 설정, 다양한 방법론과 분석 기법을 통해 실제적인 '발견'들을 제시하는 것을 포함한다고 할 수 있다. 즉 앞서 논의한 연구 설계 부분에서의 논리적 인과성 추론과 가설 설정 등을 바탕으로 변수를 조작화하고 추출된 자료를 통해 경험적, 실증적 검증을 진행하면서 연구의 타당성을 제고시키는 과정이라 할 수 있다. 이러한 관점에서 〈실증 분석〉 부분은 크게 ① 분석 방법론(methods)을 선택하고 조작화된 변수들을 구체적으로 적용하는 부분과 ② 실제적인 표본 자료 조사 및 분석(analyses)을 진행하고 이를 통해 가설을 검증하고 타당성을 검토하는 부분, ③ 분석 결과(findings)를 도출하고 결과를 해석하는 부분으로 구성된다고 할 수 있다. 이 세 가지 주요 핵심 과제들은 실증 분석을 진행하는 데 있어 서로 유기적으로 맞물려 제시되어야 하며 〈연구 설계〉와 〈결론 및 함의〉 부분을 연결시켜주는 중요한 역할을 하고 있다.

첫째, 분석 방법론 선택과 변수의 조작적 정의를 내리는 프로세스는 앞서 선행 장들에서 논의한 이론적, 제도적 논의와 선행연구 검토 및 연구 설계 과정 등을 통해 연구 모형과 연구 가설을 세우고, 이를 입증하고 검증하기 위한 방법론 선택 단계를 거치게 된다. 자료 분석 기법은 연구의 목적과 설계에 적합한 분석 방법을 선택하고 제시된 가설을 최대한 입증할 수 있는 방법론이 선호된다고 하겠다. 변수의 선정, 변수의 조작적 정의, 모집단과 표본 설정, 자료 추출 방법의 결정, 데이터 선정 및 설문지 작성 등의 내용들을 종합적으로 검토한 후 분석틀과 분석 방법을 결정하는 것이다. 양적(계량적, 정량적) 분석 방법론, 질적(비계량적, 정성적) 분석 방법론, 혼합 분석 방법론 등이 대표적인 접근 방식이라 할 수 있다. 이와 더불어 실험적(experimental), 실증적(empirical), 규범적(normative), 처방적(prescriptive) 연구 접근 방식 중 어떠한 분석 방법론을 선택할 것인가에 대한 고찰도 필요하다고 하겠다.[2] 특히 분석 방법론 설정을 위해서는 연구 질문, 연구의 목적, 연구자의 개인적 신념과 목표가치, 연구자의 연구적 기술과 역량, 그리고 주어진 시간과 재원 등의 정보를 기반으로 다양한 방법론적 대안들을 고민한 후 최적의 대안을 선택해야 한다. 최근에는 보다 융합적이고 입체적인 방법론들을 선호하는 경향이 강해짐에 따라 혼합적 접근 방식(mixed approaches)이 선호되는 추세이다.

둘째, 실제적 자료 분석과 가설 및 타당성 검증은 크게 1) 1차 혹은 2차 자료 수집을 통한 문헌 연구, 설문 자료 조사 및 분석, 인터뷰·면접 자료 조사와 분석, 2) 자료 추출 및 자료 코딩, 3) 가설 검증(hypotheses testing) 및 가설 분석, 타당성과 신뢰도 검정 등으로 나누어 살펴볼 수 있다. 즉 수집 자료를 분석 및 추출하고 이를 토대로 다양한 통계적 접근 방식과 응용통계 프로그램들(예를 들면 SPSS, STATA, AMOS EQS 등)을 통해 인

---

2   5장에서는 이러한 접근 방식들 중 인문사회과학 영역에서 최근 가장 활발히 진행되고 있는 '실증 자료'에 기반한 실증적 연구 방법론을 중심으로 기술하고자 한다.

문사회과학자들이 접근 가능한 데이터로 부호화하여 변환시키는 작업이 필수적이다. 또한 다양한 이론과 선행연구에서 도출한 가설들을 통계적 혹은 비통계적 방식들을 통해 검증하고 확인하는 절차가 필요하다. 가설은 귀무가설(null hypothesis)과 대립가설(alternative hypothesis)로 나눌 수 있는데, 기각과 채택의 기준이 되는 연구진술문(research statement)이라고 간주하면 되겠다. 가설 분석 과정에서 분석 내용의 타당성과 신뢰도를 높이는 것은 매우 중요하다고 할 수 있으며 다양한 방식으로 타당성과 신뢰도를 측정, 평가하고 있다.[3]

셋째, 분석 결과 제시 및 해석 부분은 크게 1) 요인 분석과 분산 분석, 연관성 분석, 인과·영향 분석과 경로 분석 등의 계량·정량 분석 혹은 질적·정성 분석을 통한 분석 프로세스 실행 및 완료 부분(실행), 2) 연구 결과와 사실을 열거하는 부분(결과), 3) 발견된 숫자와 사실들을 해석하고 설명하는 부분(토의)으로 나누어볼 수 있다. 즉 분석 결과들을 직접적으로 제시하면서 연구적인 관점에서의 결과 제시와 해석이 필요한 영역이다. 다음 장인 〈결론 및 함의〉 부분에서 구체적으로 다루어야 할 주제인 연구 요약, 분석 결과의 심층적 논의, 연구 시사점 및 함의 도출 등의 내용을 독자가 보다 쉽게 이해할 수 있도록 하는 사전적, 예비적 설명 및 해설 부분으로 이해할 수 있다.

이러한 내용을 종합할 때 연구논문의 〈실증 분석〉은 변수를 조작화

---

3 타당성(Validity)이란, 연구에서 제시되는 개념이나 변수를 측정하기 위해 준비된 측정 도구들이 얼마나 정확하고 예측성이 높은가를 나타내는 지표라 할 수 있다. 타당성 측정 및 평가 방식은 내용(Content) 타당성, 기준(Criterion) 타당성, 구성(Construct) 타당성으로 나누어 구분할 수 있으며, 각각 다른 측면의 타당성을 측정하여 그 정도를 파악할 수 있다. 통계 프로그램에서는 주로 탐색적 혹은 확인적 요인 분석을 통해 타당성 수준을 측정한다. 신뢰도(Reliability)는 측정값의 내적 일관성과 안정성을 의미하며, 측정 방식으로는 재검사법, 반분법, 내적 일관성법 등이 있고 통계 프로그램 방식으로는 크론바 알파(Cronbach α) 계수를 통해 그 수준을 측정하고 있다.

하고 추출된 자료를 통해 실증적 검증을 진행하면서 연구의 타당성을 제고시키는 과정으로서 실제적인 자료 조사 및 분석을 진행하고, 이를 통해 가설을 검증하고 타당성을 검토한 후, 분석 결과를 도출하고 결과를 해석하는 중요한 역할을 하고 있다.

제2절

〈실증 분석〉의 역할

연구논문에서 〈실증 분석〉의 역할은 ① 연구의 구심점(centripetal point) 역할을 하면서 ② 연구 활동의 구체적인 내용들을 실증적인 관점에서 조사·분석·설명하는 인지적·가치중립적 제시(presentation) 역할 수행은 물론 ③ 궁극적으로는 연구 내용을 독자들에게 알기 쉽게 요약 및 보고 (summarizing and reporting)하는 것으로 구분하여 살펴볼 수 있다. 이를 구체적으로 살펴보면 다음과 같다.

첫째, 〈실증 분석〉은 연구 설계 영역과 결론 및 함의 내용을 이어주는 중간자적 구심점 역할을 수행한다고 할 수 있다. 앞선 〈연구 설계〉 부분에서 제시된 연구 모형과 연구 가설을 살펴보고 조작화된 변수들 및 변수들 간의 관계에 대한 신뢰성과 타당성을 진단, 평가함으로써 〈연구 설계〉와 〈결론 및 함의〉 부분에서 논의하는 내용들에 대한 설득력과 수용성을 높여주는 구심점 역할을 하게 된다. 전반적인 논문의 수준과 발전 가능성에 대한 가늠자 역할을 하게 됨은 물론이다.

둘째, 선택된 계량적, 비계량적 분석 방법론 적용과 검증 절차를 통해 해당 연구에 담고 있는 다양한 주장과 전제, 가설과 모형 등에 대한 확증 내용들을 분석, 해석, 설명함으로써 연구의 신뢰도와 타당성을 높이고 도표와 그래프, 다이어그램 등을 통해 분석 내용의 수용성을 최대한 높여가는 연구 결과에 대한 가치중립적, 기술적, 사실 중심적 프레젠테이션 역할을 하게 된다. 이는 후술하는 〈결론 및 함의〉 부분의 가치 중심적인 방향과 차별화되는 부분이기도 하다.

셋째, 이러한 일련의 복잡하고 다양한 분석 과정과 절차들을 일목요연하게 정리하여 요약하고 가장 핵심이 되는 결과물들을 논문에 담아내는 역할을 담당한다. 특히 여러 가지 방법론을 사용하거나 분석 방법론이 다소 독자들에게 낯선 경우, 가설의 수가 많아 검증 절차가 복잡한 경우, 혹은 분석 결과들의 해석이 난해하거나 정리가 힘든 경우에 요약 및 보고의 중요성은 더욱 강조되기 마련이다.

[그림 5-1] 연구논문에서 〈실증 분석〉의 의의 및 역할

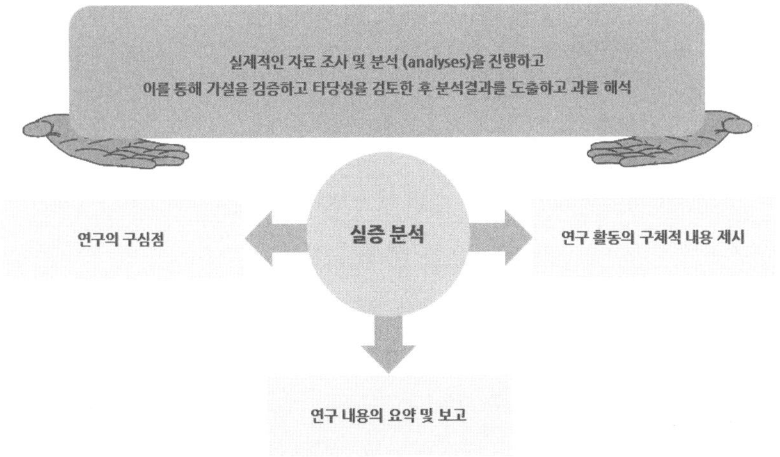

실제적인 자료 조사 및 분석 (analyses)을 진행하고
어를 통해 가설을 검증하고 타당성을 검토한 후 분석결과를 도출하고 과를 해석

연구의 구심점 ← 실증 분석 → 연구 활동의 구체적 내용 제시

연구 내용의 요약 및 보고

제3절
〈실증 분석〉의 구조

Step 1: 자료 분석

자료 추출 및 코딩
- 표본집단 조사 및 검토
- 인구통계학적 특성 및 기타 자료 특성 분석
- 통계 프로그램 설정 및 실행

선택한 분석 방법론을 통해 조작화된 변수들을 실제 분석에 적용
- 양적 분석자료 분석
- 질적 분석자료 분석
- 혼합적 분석자료 분석

Step 2: 신뢰성 검정 및 타당성 검정
(Babbie, 2013; 남궁근, 2017; 채서일, 2016)

신뢰성 검정
- 안정성 신뢰도
  - 의미: 측정 도구를 동일 대상에게 상이한 시점에서 적용할 때 유사한 결과가 나타나는 정도
  - 확보 방안: 재검사법 / 동질이형법(복수양식법)
- 동등성 신뢰도
  - 의미: 상이한 지표들 사이에 일관성 있는 결과가 나타나는 정도
  - 확보 방안: 내적 일관성 분석 / 이분법
- 코더 간 신뢰도
  - 의미: 복수의 코더가 같은 정보를 측정할 때 그 결과가 일치하는 정도
  - 확보 방안: 코더 간 신뢰도 분석
- 모집단 대표성 신뢰도
  - 의미: 측정 지표를 상이한 하위집단에 적용할 때 동일한 결과가 나오는 정도
  - 확보 방안: 코더 간 신뢰도 분석

타당성 검정
- 내용 타당성
  - 의미: 측정 지표가 지표의 모집단을 대표하고 있는 정도
  - 확보 방안: 전문가 검토
- 기준 타당성
  - 의미: 어떤 개념의 측정 지표가 이미 타당성이 검증된 다른 기준과의

연관성 정도
  • 확보 방안: 상관 분석
- 구성 타당성
  • 의미: 추상적 개념과 측정 지표 간의 일치 정도
  • 확보 방안: 요인 분석

Step 3: 가설 검정

빈도 분석 및 기술 분석
- 자료의 기본 특성(중심 성향, 산포 성향 등)을 파악하기 위해 적용하는 분석 기법

T검정 및 F검정
- T검정: 2개의 모집단에 독립적으로 추출한 표본으로부터 구한 표본 평균들을 서로 비교해서 이러한 차이가 통계적으로 유의한지 검정하는 분석 기법
- F검정: 3개의 모집단에 독립적으로 추출한 표본으로부터 구한 표본 평균들을 서로 비교해서 이러한 차이가 통계적으로 유의한지 검정하는 분석 기법

상관 분석
- 두 변수 간의 연관성을 파악하기 위해 사용하는 분석 기법

인과·영향 분석
- 독립변수와 종속변수 간의 영향 관계를 파악하기 위한 분석 기법

- 조절변수, 매개변수, 통제변수 등도 포함하여 영향 관계를 파악할 수 있음

내용 분석
- 기록된 내용을 특정한 기준에 따라 코딩하고 요약하여 질적 정보를 양적 정보로 전환하는 분석 기법

Step 4: 분석 결과 도출 및 해석

분석 프로세스 실행 및 완료
분석 결과 제시
분석 내용 해석 및 토의

[그림 5-2] 연구논문에서 〈실증 분석〉의 구조

제4절

〈실증 분석〉 연구논문 사례 분석

연구논문 사례 1(김선아 & 박성민, 2019)

연구 제목
- 균형인사정책을 통한 대표성 강화가 사회적 가치 확산에 미치는 영향에 관한 연구

연구 질문
- 균형인사정책의 정책 성과로서 사회적 가치의 구성 요소는 무엇인가?
- 균형인사정책을 통한 공직 내 여성, 장애인, 이공계, 지역인재, 저소득층의 소극적 대표성(구성론적 대표성) 및 적극적 대표성(역할론적 대표성) 강화가 사회적 가치 확산에 기여할 수 있는가?

Ⅳ. 실증 분석

1. 균형인사정책의 성과로서 사회적 가치의 구성 요소 정립을 위한 분석

① 본 연구에서는 형평성, 민주성, 대응성, 신뢰성, 사회통합성 등의 5개 요소를 '사회적 가치'라는 하나의 상위 요인으로 개념화하는 것이 적절한 것인가를 검증하기 위해, 구성 개념에 대한 이론적 구조가 확립되어 있지 않을 때 연관성이 높은 변수들의 공통성을 중심으로 하나의 동질적인 요인으로 축약하고 이의 통계적 타당성을 검증하는 분석 기법인 탐색적 요인 분석(EFA: Exploratory Factor Analysis)을 실시하였다(이훈영, 2006). 이에 관측된 요인의 선형결합인 주성분 분석(Principal Components Analysis)을 실시하였고, 유의미한 요인 추출을 위해 배리맥스(Varimax) 회전법을 적용하였다. 분석 결과(KMO 측도: 0.874 / Bartlett의 구형성 검정: $p < 0.001$) 5개 측정 항목의 공통성이 모두 0.7 이상으로 나타났으며 고윳값(Eigenvalue)이 1 이상인 요인이 총 1개 추출되어 5개 측정 항목을 '사회적 가치'라는 상위 개념으로 구조화하는 것이 타당함을 확인할 수 있었다. 더불어 측정 도구의 신뢰도 검증을 위해 실시한 내적 일관성 분석에서도 Cronbach's α값이 0.9 이상으로 나타났다. 이에 형평성, 민주성, 대응성, 신뢰성, 사회통합성 등의 5개 가치를 상위 요인으로 개념화한 '사회적 가치' 변수가 통계적 신뢰도와 타당도를 확보하였음을 확인할 수 있었다.

→ ①: 분석 목적 및 분석 방법(탐색적 요인 분석)을 분명하게 언급하고 분석 결과를 구체적으로 기술

〈사회적 가치에 대한 탐색적 요인 분석 결과〉

구분		신뢰도 검증	타당도 검증
		Cronbach's α	요인 1
사회적 가치	SV1	0.910	0.859
	SV2		0.867
	SV3		0.848
	SV4		0.837
	SV5		0.870
아이겐값			3.665
분산비율			73.306
누적분산비율			73.306

2. 균형인사정책을 통한 대표성 강화 및 사회적 가치 확산에 대한 인식 분석

1) 균형인사정책의 정책 결과로서 소극적·적극적 대표성 강화에 관한 인식 분석

② 균형인사정책의 정책 결과로서 소극적 대표성(구성론적 대표성)과 적극적 대표성(역할론적 대표성) 강화에 대한 중앙행정기관 공무원의 인식 수준은 아래 표와 같다. 먼저 균형인사정책의 시행을 통한 소극적 대표성 강화의 경우 여성, 장애인, 이공계, 지역인재, 저소득층 등 5개 세부 균형인사정책 모두 적용 대상의 소극적 대표성 강화에 기여했다는 것에 보통 수준 이상(7점 척도 기준: 4점 이상)의 인식을 갖고 있음을 확인할 수 있었다. 이 중 여성 균형인사제도(4.77점)와 장애인 균형인사제도(4.75점)가 여성과 장애인의 구성론적 대표성 향상에 기여했다는 데 가장 높은 수준의 긍정적 인식이 형성되어 있음을 확인할 수 있었다.

또한 균형인사제도의 시행을 통한 적극적 대표성 강화의 경우에도 여성, 장애인, 이공계, 지역인재, 저소득층 등 5개 세부 균형인사정책 모두 적용 대상의 적극적 대표성 강화에 기여했다는 것에 보통 수준 이상 (7점 척도 기준: 4점 이상)의 인식을 갖고 있음을 확인할 수 있었다. 마찬가지로 이 중 여성 균형인사제도(4.54점)와 장애인 균형인사제도(4.51점)가 여성과 장애인의 역할론적 대표성 향상에 기여했다는 데 가장 높은 수준의 긍정적 인식이 형성되어 있음을 확인할 수 있었다.

한편 균형인사정책의 5개 세부 제도별 정책 결과로서 소극적 대표성 강화에 대한 인식 수준과 적극적 대표성 강화에 대한 인식 수준을 비교하면, 5개 세부 제도 모두 구성론적 대표성을 의미하는 소극적 대표성 강화에 대한 인식 수준이 역할론적 대표성을 의미하는 적극적 대표성 강화에 대한 인식 수준보다 높게 나타나고 있음을 확인할 수 있었다.

〈균형인사정책을 통한 대표성 강화에 관한 인식 분석〉

구분	소극적 대표성 강화		적극적 대표성 강화	
	Mean	Std.D.	Mean	Std.D.
여성 균형인사제도	4.77	0.9877	4.54	1.0772
장애인 균형인사제도	4.75	0.9593	4.51	1.0420
이공계 균형인사제도	4.54	1.0292	4.45	1.0585
지역인재 균형인사제도	4.19	1.4361	4.18	1.2547
저소득층 균형인사제도	4.54	1.0224	4.39	1.1008

→ ②: 기술 분석 결과 기술

2) 균형인사정책의 정책 성과로서 사회적 가치 확산에 관한 인식 분석

③ 균형인사정책의 정책 성과로서 사회적 가치 확산에 대한 중앙행정기관 공무원의 인식 수준은 아래 표와 같다. 먼저 균형인사정책이 사

회적 가치 확산에 얼마만큼 기여할 수 있다고 기대하는지를 살펴보기 위해 형평성, 민주성, 대응성, 신뢰성, 사회통합성 등 5개 하위 요소를 '사회적 가치'라는 총합 평균 척도로 변환했을 때 해당 변수의 평균은 7점 만점 중 5.10점으로 나타나 긍정적인 인식이 형성되어 있음을 확인할 수 있었다. 다음으로 사회적 가치의 5개 하위 요소별 기대 수준을 살펴보면 균형인사정책을 통한 형평성 강화(5.32점)에 대한 기대 수준이 가장 높은 것을 확인할 수 있었고, 그다음으로 민주성(5.23점), 사회통합성(5.12점), 신뢰성(4.97점), 대응성(4.89점) 등의 순으로 나타났다.

〈균형인사정책을 통한 사회적 가치 확산에 관한 인식 분석〉

구분		Mean	Std.D.
사회적 가치 총합 평균 척도		5.10	1.095
사회적 가치의 5개 구성 요소	형평성	5.32	1.247
	민주성	5.23	1.262
	대응성	4.89	1.278
	신뢰성	4.97	1.352
	사회통합성	5.12	1.257

→ ③: 기술 분석 결과 기술

3. 균형인사정책을 통한 대표성 강화와 사회적 가치 확산 간의 인과관계 분석

1) 균형인사정책을 통한 소극적 대표성 강화가 사회적 가치 확산에 미치는 영향

④ 중앙행정기관 공무원을 대상으로 균형인사정책을 통한 소극적 대

표성 강화가 사회적 가치 확산에 미치는 영향력을 검증하고자 시행한 인과관계 분석 결과는 아래 표와 같다. 먼저 형평성, 민주성, 대응성, 신뢰성, 사회통합성 등 5개 가치를 총합 평균 척도로 변환하여 '사회적 가치'라는 결과요인으로 개념화한 후 선행요인인 5개 균형인사정책을 통한 소극적 대표성 강화와의 인과관계를 규명한 연구 모형은 약 23.8%(adj R^2=0.238)의 설명력을 나타내고 있었다. 해당 연구 모형에서는 5개 균형인사정책 중 저소득층 균형인사정책을 제외한 여성 균형인사정책(β=0.136, $p<0.05$), 장애인 균형인사정책(β=0.126, $p<0.05$), 이공계 균형인사정책(β=0.131, $p<0.05$), 지역인재 균형인사정책(β=0.253, $p<0.001$) 등을 통한 여성, 장애인, 이공계, 지역인재의 소극적 대표성 강화가 사회적 가치 확산에 대한 기대 수준에 통계적으로 유의미한 정(+)의 영향을 미치고 있음을 확인할 수 있었다. 특히 사회적 가치 확산 기대 수준에 지역인재 균형인사정책을 통한 소극적 대표성 강화의 상대적 영향력이 가장 큰 것을 확인할 수 있었다.

다음으로 선행요인인 5개 균형인사정책을 통한 소극적 대표성 강화와 결과요인인 사회적 가치 간의 영향 관계를 보다 구체적으로 살펴보기 위해 결과요인인 사회적 가치를 5개 하위요소로 구분한 후 인과관계 분석을 시행하였다. 이를 구체적으로 살펴보면 다음과 같다.

첫째, 5개 균형인사정책을 통한 소극적 대표성 강화가 사회적 가치의 하위 구성 요소 중, 형평성 확산 기대에 미치는 영향력을 분석한 연구 모형은 약 21.4%(adj R^2=0.214)의 설명력을 나타내고 있었다. 해당 연구 모형에서는 5개 균형인사정책 중 장애인 균형인사정책(β=0.120, $p<0.1$), 이공계 균형인사정책(β=0.150, $p<0.05$), 지역인재 균형인사정책(β=0.304, $p<0.001$) 등을 통한 장애인, 이공계, 지역인재의 소극적 대표성 강화가 형평성 확산에 대한 기대 수준에 통계적으로 유의미한 정(+)의 영향을 미치고 있음을 확인할 수 있었다.

둘째, 5개 균형인사정책을 통한 소극적 대표성 강화가 사회적 가치의 하위 구성 요소 중, 민주성 확산 기대에 미치는 영향력을 분석한 연구 모형은 약 16.5%(adj R²=0.165)의 설명력을 나타내고 있었다. 해당 연구 모형에서는 5개 균형인사정책 중 여성 균형인사정책(β=0.155, p<0.01), 지역인재 균형인사정책(β=0.154, p<0.01) 등을 통한 여성, 지역인재의 소극적 대표성 강화가 민주성 확산에 대한 기대 수준에 통계적으로 유의미한 정(+)의 영향을 미치고 있음을 확인할 수 있었다.

셋째, 5개 균형인사정책을 통한 소극적 대표성 강화가 사회적 가치의 하위 구성 요소 중, 대응성 확산 기대에 미치는 영향력을 분석한 연구 모형은 약 13.5%(adj R²=0.135)의 설명력을 나타내고 있었다. 해당 연구 모형에서는 5개 균형인사정책 중 여성 균형인사정책(β=0.141, p<0.05), 지역인재 균형인사정책(β=0.208, p<0.001) 등을 통한 여성, 지역인재의 소극적 대표성 강화가 대응성 확산에 대한 기대 수준에 통계적으로 유의미한 정(+)의 영향을 미치고 있음을 확인할 수 있었다.

넷째, 5개 균형인사정책을 통한 소극적 대표성 강화가 사회적 가치의 하위 구성 요소 중, 신뢰성 확산 기대에 미치는 영향력을 분석한 연구 모형은 약 18.8%(adj R²=0.188)의 설명력을 나타내고 있었다. 해당 연구 모형에서는 5개 균형인사정책 중 여성 균형인사정책(β=0.120, p<0.05), 장애인 균형인사정책(β=0.120, p<0.1), 이공계 균형인사정책(β=0.165, p<0.01), 지역인재 균형인사정책(β=0.196, p<0.001) 등을 통한 여성, 장애인, 이공계, 지역인재의 소극적 대표성 강화가 신뢰성 확산에 대한 기대 수준에 통계적으로 유의미한 정(+)의 영향을 미치고 있음을 확인할 수 있었다.

다섯째, 5개 균형인사정책을 통한 소극적 대표성 강화가 사회적 가치의 하위 구성 요소 중, 사회통합성 확산 기대에 미치는 영향력을 분석한 연구 모형은 약 19.0%(adj R²=0.190)의 설명력을 나타내고 있었다. 해당 연구 모형에서는 5개 균형인사정책 중 여성 균형인사정책(β=0.122, p<0.05),

장애인 균형인사정책(β=0.130, p<0.05), 이공계 균형인사정책(β=0.149, p<0.05), 지역인재 균형인사정책(β=0.227, p<0.001) 등을 통한 여성, 장애인, 이공계, 지역인재의 소극적 대표성 강화가 사회통합성 확산에 대한 기대 수준에 통계적으로 유의미한 정(+)의 영향을 미치고 있음을 확인할 수 있었다.

〈균형인사정책을 통한 소극적 대표성 강화와 사회적 가치 확산 간의 인과관계 분석〉

구분		사회적 가치 (총합 평균)		사회적 가치의 5개 구성 요소								
				형평성		민주성		대응성		신뢰성		사회통합성	
		β	T	β	T	β	T	β	T	β	T	β	T
통제요인	성별	-0.037	-0.820	-0.033	-0.717	-0.006	-0.117	-0.050	-1.032	-0.065	-1.382	0.000	0.002
	연령	0.069	0.991	0.084	1.186	0.100	1.366	-0.002	-0.021	0.053	0.738	0.075	1.049
	교육 수준	0.008	0.182	0.042	0.907	0.057	1.191	-0.030	-0.608	-0.029	-0.609	0.004	0.094
	공직 근무 연한	-0.031	-0.450	-0.041	-0.582	-0.086	-1.182	0.022	0.294	-0.022	-0.308	-0.004	-0.055
	직급	0.122	2.460*	0.114	2.274*	0.101	1.956+	0.138	2.624**	0.152	2.999**	0.019	0.380
선행요인	여성 균형 인사정책	0.136	2.501*	0.029	0.520	0.155	2.730**	0.141	2.431*	0.120	2.143*	0.122	2.190*
	장애인 균형인사 정책	0.126	2.045*	0.120	1.927+	0.098	1.533	0.077	1.172	0.120	1.901+	0.130	2.053*
	이공계 균형인사 정책	0.131	2.243*	0.150	2.535*	0.041	0.672	0.062	0.992	0.165	2.741**	0.149	2.488*
	지역인재 균형인사 정책	0.253	4.991***	0.304	5.913***	0.154	2.912**	0.208	3.855***	0.196	3.756***	0.227	4.351***
	저소득층 균형인사 정책	-0.014	-0.203	-0.021	-0.316	0.081	1.152	-0.021	-0.294	-0.055	-0.792	-0.049	-0.710
통계량		R2=0.257 adj R2=0.238 F=13.944***		R2=0.233 adj R2=0.214 F=12.351***		R2=0.184 adj R2=0.165 F=9.231***		R2=0.156 adj R2=0.135 F=7.477***		R2=0.207 adj R2=0.188 F=10.661***		R2=0.210 adj R2=0.190 F=10.831***	

+p<0.1, *p<0.05. **p<0.01, ***p<0.001

⑤ 따라서 본 연구에서 설정한 가설 중 균형인사정책을 통한 소극적 대표성 강화가 사회적 가치 확산에 정(+)의 영향을 미칠 것이라는 [가설 1]은 저소득층에 해당하는 [가설 1-5]를 제외하고 여성, 장애인, 이공계, 지역인재에 해당하는 [가설 1-1], [가설 1-2], [가설 1-3], [가설 1-4]가 부분적으로 채택되었다.

→ ④: 분석 목적 및 분석 방법(인과관계 분석)을 분명하게 언급하고 분석 결과를 구체적으로 기술
→ ⑤: 분석 결과를 토대로 가설 검증 결과(채택/기각)를 구체적으로 기술

2) 균형인사정책을 통한 적극적 대표성 강화가 사회적 가치 확산에 미치는 영향

⑥ 중앙행정기관 공무원을 대상으로 균형인사정책을 통한 적극적 대표성 강화가 사회적 가치 확산에 미치는 영향력을 검증하고자 시행한 인과관계 분석 결과는 아래 표와 같다. 먼저 형평성, 민주성, 대응성, 신뢰성, 사회통합성 등 5개 가치를 총합 평균 척도로 변환하여 '사회적 가치'라는 결과요인으로 개념화한 후 선행요인인 5개 균형인사정책을 통한 적극적 대표성 강화와의 인과관계를 규명한 연구 모형은 약 23.2%(adj R²=0.232)의 설명력을 나타내고 있었다. 해당 연구 모형에서는 5개 균형인사정책 중 여성 균형인사정책(β=0.196, p<0.01), 장애인 균형인사정책(β=0.190, p<0.01), 지역인재 균형인사정책(β=0.155, p<0.01) 등을 통한 여성, 장애인, 지역인재의 적극적 대표성 강화가 사회적 가치 확산에 대한 기대 수준에 통계적으로 유의미한 정(+)의 영향을 미치고 있음을 확인할 수 있었다. 특히 사회적 가치 확산 기대 수준에 여성 균형인사정책을 통한 적극적 대표성 강화의 상대적 영향력이 가장 큰 것을 확인할 수 있었다.

다음으로 선행요인인 5개 균형인사정책을 통한 적극적 대표성 강화

와 결과요인인 사회적 가치 간의 영향 관계를 보다 구체적으로 살펴보기 위해 결과요인인 사회적 가치를 5개 하위요소로 구분한 후 인과관계 분석을 시행하였다. 이를 구체적으로 살펴보면 다음과 같다.

첫째, 5개 균형인사정책을 통한 적극적 대표성 강화가 사회적 가치의 하위 구성 요소 중, 형평성 확산 기대에 미치는 영향력을 분석한 연구 모형은 약 19.3%(adj R²=0.193)의 설명력을 나타내고 있었다. 해당 연구 모형에서는 5개 균형인사정책 중 여성 균형인사정책(β=0.156, p<0.01), 지역인재 균형인사정책(β=0.184, p<0.01) 등을 통한 여성, 지역인재의 적극적 대표성 강화가 형평성 확산에 대한 기대 수준에 통계적으로 유의미한 정(+)의 영향을 미치고 있음을 확인할 수 있었다.

둘째, 5개 균형인사정책을 통한 적극적 대표성 강화가 사회적 가치의 하위 구성 요소 중, 민주성 확산 기대에 미치는 영향력을 분석한 연구 모형은 약 16.7%(adj R²=0.167)의 설명력을 나타내고 있었다. 해당 연구 모형에서는 5개 균형인사정책 중 여성 균형인사정책(β=0.185, p<0.01), 장애인 균형인사정책(β=0.166, p<0.05) 등을 통한 여성, 장애인의 적극적 대표성 강화가 민주성 확산에 대한 기대 수준에 통계적으로 유의미한 정(+)의 영향을 미치고 있음을 확인할 수 있었다.

셋째, 5개 균형인사정책을 통한 적극적 대표성 강화가 사회적 가치의 하위 구성 요소 중, 대응성 확산 기대에 미치는 영향력을 분석한 연구 모형은 약 14.7%(adj R²=0.147)의 설명력을 나타내고 있었다. 해당 연구 모형에서는 5개 균형인사정책 중 여성 균형인사정책(β=0.171, p<0.01), 장애인 균형인사정책(β=0.155, p<0.05), 지역인재 균형인사정책(β=0.166, p<0.01) 등을 통한 여성, 장애인, 지역인재의 적극적 대표성 강화가 대응성 확산에 대한 기대 수준에 통계적으로 유의미한 정(+)의 영향을 미치고 있음을 확인할 수 있었다.

넷째, 5개 균형인사정책을 통한 적극적 대표성 강화가 사회적 가치의 하위 구성 요소 중, 신뢰성 확산 기대에 미치는 영향력을 분석한 연구 모형은 약 16.0%(adj R²=0.160)의 설명력을 나타내고 있었다. 해당 연구 모형에서는 5개 균형인사정책 중 여성 균형인사정책(β=0.139, p<0.05), 장애인 균형인사정책(β=0.194, p<0.01), 지역인재 균형인사정책(β=0.102, p<0.1) 등을 통한 여성, 장애인, 지역인재의 적극적 대표성 강화가 신뢰성 확산에 대한 기대 수준에 통계적으로 유의미한 정(+)의 영향을 미치고 있음을 확인할 수 있었다.

다섯째, 5개 균형인사정책을 통한 적극적 대표성 강화가 사회적 가치의 하위 구성 요소 중, 사회통합성 확산 기대에 미치는 영향력을 분석한 연구 모형은 약 18.5%(adj R²=0.185)의 설명력을 나타내고 있었다. 해당 연구 모형에서는 5개 균형인사정책 중 여성 균형인사정책(β=0.191, p<0.01), 장애인 균형인사정책(β=0.174, p<0.05), 지역인재 균형인사정책(β=0.116, p<0.05) 등을 통한 여성, 장애인, 지역인재의 적극적 대표성 강화가 사회통합성 확산에 대한 기대 수준에 통계적으로 유의미한 정(+)의 영향을 미치고 있음을 확인할 수 있었다.

〈균형인사정책을 통한 적극적 대표성 강화와 사회적 가치 확산 간의 인과관계 분석〉

구분		사회적 가치 (총합 평균)		사회적 가치									
				형평성		민주성		대응성		신뢰성		사회통합성	
		β	T	β	T	β	T	β	T	β	T	β	T
통제 요인	성별	-0.058	-1.223	-0.054	-1.116	-0.023	-0.478	-0.070	-1.400	-0.063	-1.284	-0.021	-0.435
	연령	0.068	0.943	0.103	1.398	0.123	1.648	-0.026	-0.341	0.046	0.612	0.073	0.985
	교육 수준	0.010	0.212	0.031	0.658	0.054	1.122	-0.009	-0.181	-0.027	-0.557	0.010	0.203
	공직 근무 연한	-0.024	-0.338	-0.048	-0.652	-0.113	-1.517	0.055	0.721	-0.008	-0.111	0.009	0.129
	직급	0.129	2.579*	0.114	2.228*	0.099	1.915+	0.154	2.926**	0.154	2.967**	0.031	0.608

선행요인	여성 균형 인사정책	0.196	3.376**	0.156	2.634**	0.185	3.079**	0.171	2.793**	0.139	2.302*	0.191	3.201**
	장애인 균형인사 정책	0.190	2.827**	0.077	1.126	0.166	2.393*	0.155	2.181*	0.194	2.776**	0.174	2.526*
	이공계 균형인사 정책	0.071	1.185	0.098	1.603	0.027	0.431	0.031	0.484	0.064	1.016	0.082	1.328
	지역인재 균형인사 정책	0.155	2.695**	0.184	3.203**	0.085	1.455	0.166	2.811**	0.102	1.737+	0.116	2.010*
	저소득층 균형인사 정책	-0.020	-0.278	0.035	0.494	0.030	0.412	-0.071	-0.961	-0.021	-0.287	-0.022	-0.303
통계량		$R^2=0.251$ adj $R^2=0.232$ $F=13.257***$		$R^2=0.213$ adj $R^2=0.193$ $F=10.802***$		$R^2=0.187$ adj $R^2=0.167$ $F=9.222***$		$R^2=0.168$ adj $R^2=0.147$ $F=7.990***$		$R^2=0.180$ adj $R^2=0.160$ $F=8.805***$		$R^2=0.204$ adj $R^2=0.185$ $F=10.304***$	

+$p<0.1$, *$p<0.05$. **$p<0.01$, ***$p<0.001$

⑦ 따라서 본 연구에서 설정한 가설 중 균형인사정책을 통한 적극적 대표성 강화가 사회적 가치 확산에 정(+)의 영향을 미칠 것이라는 [가설 2]는 이공계에 해당하는 [가설 2-3]과 저소득층에 해당하는 [가설 2-5]를 제외하고 여성, 장애인, 지역인재에 해당하는 [가설 2-1], [가설 2-2], [가설 2-4]가 부분적으로 채택되었다.

→ ⑥: 분석 목적 및 분석 방법(인과관계 분석)을 분명하게 언급하고 분석 결과를 구체적으로 기술
→ ⑦: 분석 결과를 토대로 가설 검증 결과(채택/기각)를 구체적으로 기술

자료: 한국행정논집 31(2)에 게재된 김선아·박성민(2019)의 연구논문 내용 일부 발췌

연구논문 사례 2(김선아 & 박성민, 2018)

연구 제목

– 여성 근로자의 직장생활의 질 향상을 위한 연구 : 조직 내 다양성 관리
  전략의 역할 검증을 중심으로

연구 질문

– 여성 근로자 개인이 경험하는 심리 특성, 직무 특성, 전이 특성 중에
  서 직장생활의 질 향상에 있어 가장 중요한 역할을 하는 요인은 무
  엇인가?

– 여성 근로자의 직장생활의 질 향상에 있어 조직의 다양성 관리 전략
  은 의미 있는 역할을 하고 있는가?

Ⅳ. 실증 분석

1. 표본의 특성

　① 본 연구의 분석에서 활용한 표본의 인구사회학적 특성은 아
래 표와 같으며 이를 구체적으로 살펴보면 다음과 같다. 첫째, 응답자
의 연령 분포를 살펴보면 40대가 전체의 36.9%(740명)로 가장 많은 것
으로 나타났으며, 그다음으로 50대 20.7%(416명), 30대 20.7%(415명), 20
대 11.8%(236명), 60대 9.3%(186명), 70대 이상 0.7%(14명) 등의 순으로 나
타났다. 둘째, 응답자의 최종 학력 분포를 살펴보면 고등학교가 전체
의 41.0%(822명)로 가장 많은 것으로 나타났으며, 그다음으로 대학교

38.5%(772명), 중학교 9.3%(187명), 초등학교 7.0%(140명), 대학원 2.3%(48명), 무학 1.8%(36명) 등의 순으로 나타났다. 셋째, 응답자의 배우자 유무 분포를 살펴보면 배우자가 있는 응답자가 67.8%(1,361명)로, 배우자가 없는 응답자 32.2%(626명)보다 많은 것으로 나타났다. 넷째, 응답자의 종교 유무 분포를 살펴보면 종교가 없는 응답자가 51.3%(1,029명)로, 종교가 있는 응답자 48.7%(978명)보다 많은 것으로 나타났다. 다섯째, 응답자의 일자리 특성별 분포를 살펴보면 상용직이 전체의 80.7%(1,620명)로 가장 많은 것으로 나타났으며, 그다음으로 일용직 9.8%(196명), 임시직 9.5%(191명) 등의 순으로 나타났다. 여섯째, 응답자의 직장 종류별 분포를 살펴보면 민간회사 및 개인사업체 종사자가 전체의 79.4%(1,593명)로 가장 많은 것으로 나타났으며, 그다음으로 국공립학교 10.9%(218명), 정부 및 지방자치단체 6.4%(128명), 공기업 3.0%(60명), 외국인 회사 0.4%(8명) 등의 순으로 나타났다. 마지막으로, 응답자의 직장 규모별 분포를 살펴보면 5인 미만 조직 종사자가 전체의 26.9%(539명)로 가장 많은 것으로 나타났으며, 그다음으로 30인 이상~100인 미만 21.3%(427명), 10인 이상~30인 미만 20.3%(408명), 5인 이상~10인 미만 19.0%(382명), 100인 이상~300인 미만 5.9%(119명), 300인 이상~1,000인 미만 3.6%(72명), 1,000인 이상 3.0%(60명) 등의 순으로 나타났다.

〈표본의 특성〉

구분	내용	빈도	비율	구분	내용	빈도	비율
연령	20대	236명	11.8%	일자리 특성	상용직	1,620명	80.7%
	30대	415명	20.7%		임시직	191명	9.5%
	40대	740명	36.9%		일용직	196명	9.8%
	50대	416명	20.7%	직장 종류	민간회사 및 개인사업체	1,593명	79.4%
	60대	186명	9.3%		외국인 회사	8명	0.4%

연령	70대 이상	14명	0.7%	직장 종류	공기업	60명	3.0%
최종 학력	무학	36명	1.8%		정부 및 지방자치 단체	128명	6.4%
	초등학교	140명	7.0%				
	중학교	187명	9.3%		국공립학교	218명	10.9%
	고등학교	822명	41.0%	직장 규모	5인 미만	539명	26.9%
	대학교	772명	38.5%		5~10인 미만	382명	19.0%
	대학원	48명	2.3%		10~30인 미만	408명	20.3%
배우자 유무	있음	1,361명	67.8%		30~100인 미만	427명	21.3%
	없음	626명	32.2%		100~300인 미만	119명	5.9%
종교 유무	있음	978명	48.7%		300~1,000인 미만	72명	3.6%
	없음	1,029명	51.3%		1,000인 이상	60명	3.0%
총합				2,007명(100%)			

→ ①: 표본의 특성을 구체적으로 기술

2. 현황 및 인식적 특성

② 공공조직과 민간조직은 구성원들의 내적 특성을 비롯하여 다양성 관리 제도의 구현 측면에서도 차이가 예상되므로 본 연구에서는 통계적 오류를 최소화하고자 두 조직을 구분하여 분석을 진행하였다. 이에 조직 구성원의 내적 특성 및 다양성 관리 제도의 구현 측면에서 공공조직과 민간조직 간 실제 유의미한 차이가 발생하고 있는가를 살펴보기 위해 선행요인인 심리 특성, 직무 특성, 전이 특성과 조절요인인 다양성 관리, 결과요인인 직장생활의 질 등 주요 변수에 대한 기술 통계 분석 및 집단 간 차이 검증(독립표본 t검증)을 실시하였다.

아래 표에서 보는 바와 같이 모든 변수를 5점 척도로 표준화하였을 때 긍정적 특성을 나타내는 변수로서 선행요인인 직무 적합성, 직무 만족도, 직장-일상 긍정적 전이와 조절요인인 소극적 다양성 관리, 적극적 다양성 관리(유연근무제도, 친가족제도, 개인성장지원제도) 그리고 결과요인인 직장생활의 질 등은 공공조직 여성 근로자의 인식 수준이 민간조직 여성 근로자의 인식 수준보다 높은 것을 확인할 수 있었다. 반면 부정적 특성을 나타내는 변수로서 선행요인인 스트레스, 우울감, 직장-일상 부정적 전이 등은 민간조직 여성 근로자의 인식 수준이 공공조직 여성 근로자의 인식 수준보다 높은 것을 확인할 수 있었다. 특히 독립표본 t검증 결과, 공공조직 여성 근로자와 민간조직 여성 근로자 간의 이러한 차이가 통계적으로 유의미한 것을 확인할 수 있었다.

〈직장생활의 질 선행요인 검증〉

구분			공공조직		민간조직		t-test	
			Mean	Std.D.	Mean	Std.D.	t	Sig.
선행 요인	심리 특성	스트레스	2.92	0.6906	3.07	0.7187	-3.688***	0.000
		우울감	1.56	0.4948	1.66	0.5993	-3.018**	0.003
	직무 특성	직무 적합성	2.92	0.2619	2.79	0.4264	5.827***	0.000
		직무 만족도	3.53	0.6574	3.18	0.5786	10.622***	0.000
	전이 특성	직장-일상 긍정적 전이	3.86	0.5632	3.69	0.5979	5.001***	0.000
		직장-일상 부정적 전이	2.42	0.7905	2.54	0.8099	-2.653**	0.008
조절 요인	다양성 관리	소극적 관리	4.00	0.7620	3.92	0.7914	2.026*	0.043
		적극적 관리 / 유연근무제도	0.35	1.0943	0.08	0.6000	6.673***	0.000
		친가족제도	1.43	1.4780	0.32	0.8511	19.797***	0.000
		개인성장지원제도	0.82	0.3250	0.26	0.8188	10.707***	0.000
결과 요인	직장생활의 질		3.52	0.5868	3.17	0.5507	11.224***	0.000

+p<0.1, *p<0.05, **p<0.01, ***p<0.001

→ ②: 기술 분석 결과 기술

3. 신뢰도 및 타당도 검증

③ 본 연구에서는 선행요인인 심리 특성(스트레스, 우울감), 직무 특성(직무 적합성, 직무 만족도), 전이 특성(직장-일상 긍정적 전이, 직장-일상 부정적 전이)과 조절요인인 다양성 관리(소극적 다양성 관리)[4] 그리고 결과요인인 직장생활의 질에 대한 측정 도구의 신뢰도 검증을 위해 내적 일관성 분석을 실시하였으며 타당도 검증을 위해 탐색적 요인 분석을 실시하였다.

신뢰도 검증을 위한 내적 일관성 분석 결과 모든 구성 개념의 Cronbach's α값이 0.6 이상으로 나타나고 있음을 확인할 수 있었다. 더불어 타당도 분석을 위해 관측된 요인의 선형결합인 주성분 분석(Principal Components Analysis)을 실시하였고, 유의미한 요인 추출을 위해 배리맥스(Varimax) 회전법을 사용하여 탐색적 요인 분석을 실시하였다. 연구 모형에서 원인변수로 설정한 독립변수와 조절변수에 대한 탐색적 요인 분석 결과(KMO 측도: 0.833 / Bartlett의 구형성 검정: p<0.001) 각 측정 항목의 공통성이 모두 0.5 이상으로 나타났으며 고윳값(Eigenvalue)이 1 이상인 요인이 총 7개 추출되었다. 추출된 7개 요인들이 전체 입력 변수들이 가지는 총 분산을 약 71.1% 설명하고 있음을 알 수 있었다. 또한 연구 모형에서 결과변수로 설정한 종속변수에 대한 탐색적 요인 분석 결과 KMO 측도: 0.861 / Bartlett의 구형성 검정: p<0.001) 각 측정 항목의 공통성이 모두 0.5 이상으로 나타났으며 고윳값(Eigenvalue)이 1 이상인 요인이 총 1개 추출되었다. 이러한 분석 결과를 종합할 때 연구 모형에서 설정한 변수에 대한 측정 도구가 통계적으로 신뢰도와 타당도를 확보하고 있음을

---

4 조절요인 중 적극적 다양성 관리는 명목척도로 측정한 요인을 가공하여 활용하였기 때문에 신뢰도 및 타당도 분석에서 제외함

확인할 수 있었다.

<표 신뢰도 및 타당도 검증>

구분		신뢰도 분석	타당도 검증						
		Cronbach's α	요인1	요인2	요인3	요인4	요인5	요인6	요인7
선행요인	S1	0.661	0.014	0.149	0.006	0.024	-0.006	0.002	0.819
	S2		-0.033	0.088	-0.056	0.022	0.050	0.055	0.768
	S3		0.028	0.216	-0.189	0.016	0.058	-0.116	0.678
	D1	0.891	-0.022	0.849	-0.067	-0.023	0.042	-0.020	0.094
	D2		-0.021	0.836	-0.039	0.007	0.064	-0.022	0.045
	D3		-0.025	0.809	-0.055	-0.022	0.079	-0.043	0.139
	D4		-0.019	0.792	-0.039	-0.027	0.100	-0.030	0.117
	D5		0.005	0.756	-0.101	-0.050	-0.009	0.034	0.041
	D6		0.043	0.746	-0.082	-0.038	-0.024	0.018	0.086
	JF1	0.933	-0.013	-0.011	0.171	0.039	0.005	0.954	-0.017
	JF2		-0.033	-0.022	0.161	0.043	-0.020	0.953	-0.022
	JS1	0.871	0.015	-0.102	0.891	0.109	-0.043	0.053	-0.038
	JS2		-0.038	-0.069	0.855	0.062	-0.003	0.056	-0.041
	JS3		-0.004	-0.065	0.823	0.059	-0.021	0.142	-0.097
	JS4		0.081	-0.123	0.775	0.144	-0.057	0.098	-0.064
	PS1	0.799	0.033	-0.052	0.090	0.862	-0.080	0.038	0.024
	PS2		0.037	-0.035	0.064	0.842	-0.128	0.019	-0.055
	PS3		0.063	-0.092	0.148	0.768	-0.156	-0.013	0.005
	PS4		0.081	0.018	0.068	0.703	0.078	0.032	0.152
	PS5		0.022	-0.005	0.010	0.565	0.263	0.013	-0.061
	NS1	0.808	0.014	0.149	0.006	0.024	0.791	0.023	-0.006
	NS2		-0.033	0.088	-0.056	0.022	0.812	0.055	0.050
	NS3		0.028	0.216	-0.189	0.016	0.756	-0.116	0.058

조절 요인	PD1		0.924	-0.003	-0.024	0.034	-0.051	-0.015	0.001
	PD2		0.918	-0.020	0.010	0.055	-0.072	-0.017	-0.002
	PD3	0.938	0.916	-0.020	0.013	0.047	-0.072	0.020	-0.021
	PD4		0.912	-0.015	0.024	0.051	-0.069	-0.024	0.004
	PD5		0.854	0.013	0.031	0.068	-0.092	-0.016	0.021
아이겐값			5.101	4.206	3.184	2.403	1.949	1.588	1.488
분산비율			14.831	14.176	10.603	10.459	7.811	6.723	6.538
누적분산비율			14.831	29.007	39.610	50.069	57.880	64.603	71.141

결과 요인	QWL1		0.819
	QWL2		0.770
	QWL3	0.850	0.764
	QWL4		0.756
	QWL5		0.748
	QWL6		0.686
아이겐값			3.450
분산비율			57.500
누적분산비율			57.500

→ ③: 신뢰도 검증(내적 일관성 분석)과 타당도 검증(탐색적 요인 분석) 결과 기술

4. 가설 검증

1) 여성 근로자의 직장생활의 질 선행요인 검증

④ 공공조직과 민간조직 여성 근로자의 직장생활의 질 선행요인을 규명하기 위해 선행요인인 심리 특성, 직무 특성, 전이 특성과 조절요인인 다양성 관리 그리고 결과요인인 직장생활의 질 간의 다중 회귀 분석을

실시하였다. 분석 결과 공공조직과 민간조직 여성 근로자의 직장생활의 질 영향 요인에 다소 차이가 있음을 확인할 수 있었다. 이를 구체적으로 살펴보면 아래 표와 같다.

〈직장생활의 질 선행요인 검증〉

구분			공공조직		민간조직	
			β	t	β	t
통제 요인		연령	0.088	2.745**	0.001	0.065
		최종 학력	-0.003	-0.104	0.020	1.193
		배우자 유무	-0.068	-2.506*	0.027	1.916+
		자녀 유무	0.021	0.797	0.019	1.342
		종교 유무	-0.039	-1.510	-0.018	-1.366
선행 요인	심리 특성	스트레스	0.007	0.245	-0.055	-3.861***
		우울감	-0.086	-3.062**	0.005	0.373
	직무 특성	직무 적합성	0.011	0.434	-0.011	-0.762
		직무 만족도	0.807	26.844***	0.837	55.190***
	전이 특성	직장-일상 긍정적 전이	0.050	1.881+	0.012	0.848
		직장-일상 부정적 전이	0.039	1.505	-0.033	-2.354*
조절 요인	다양성 관리	소극적 관리	0.003	0.104	-0.006	-0.433
		적극 적 관 리	유연근무제도	0.020	0.669	0.011	0.710
		친가족제도	0.158	4.722***	0.050	2.709**
		개인성장지원제도	-0.027	-0.894	-0.010	-0.610
통계량			$R^2=0.794$ adj $R^2=0.785$ F=86.804***		$R^2=0.766$ adj $R^2=0.763$ F=294.711***	

+p<0.1, *p<0.05, **p<0.01, ***p<0.001

먼저 공공조직 여성 근로자의 직장생활의 질 선행요인 검증 모형의 경우 약 78.5%(adj R²=0.785)의 설명력을 나타내고 있었으며, 심리 특성 중에서는 우울감(β=-0.086, p<0.05 [※위의 표 -3.062** 확인※])이, 직무 특성 중에서는 직무 만족도(β=0.807, p<0.001)가, 전이 특성 중에서는 긍정적 전이(β=0.050, p<0.1)가 직장생활의 질에 통계적으로 유의미한 영향을 미치고 있음을 확인할 수 있었다. 더불어 조절요인 중에서는 친가족제도(β=0.158, p<0.001)만이 여성 근로자의 직장생활의 질에 통계적으로 유의미한 영향을 미치고 있음을 확인할 수 있었다. 이에 우울감 수준이 낮을수록, 직무 만족도 및 긍정적 전이 수준이 높을수록, 친가족제도 구현 수준이 높을수록 공공조직 여성 근로자의 직장생활의 질이 향상될 수 있음을 알 수 있었다. 따라서 공공조직에서는 본 연구에서 설정한 가설 중 [가설 1-2], [가설 2-2], [가설 3-1], [가설 4-2-2]가 채택되었다.

반면 민간조직 여성 근로자의 직장생활의 질 선행요인 검증 모형의 경우 약 76.3%(adj R²=0.763)의 설명력을 나타내고 있었으며, 심리 특성 중에서는 스트레스(β=-0.055, p<0.001)가, 직무 특성 중에서는 직무 만족도(β=0.837, p<0.001)가, 전이 특성 중에서는 부정적 전이(β=-0.033, p<0.05)가 직장생활의 질에 통계적으로 유의미한 영향을 미치고 있음을 확인할 수 있었다. 더불어 조절요인 중에서는 친가족제도(β=0.050, p<0.05 [※위의 표 2.709** 확인※])만이 여성 근로자의 직장생활의 질에 통계적으로 유의미한 영향을 미치고 있음을 확인할 수 있었다. 이에 스트레스 수준 및 부정적 전이 수준이 낮을수록, 직무 만족도 수준이 높을수록, 친가족제도 구현 수준이 높을수록 민간조직 여성 근로자의 직장생활의 질이 향상될 수 있음을 알 수 있었다. 따라서 민간조직에서는 본 연구에서 설정한 가설 중 [가설 1-1], [가설 2-2], [가설 3-2], [가설 4-2-2]가 채택되었다.

→ ④: 분석 목적 및 분석 방법(다중 회귀 분석)을 분명하게 언급하고 분석 결과를 구체적으로 기술

2) 여성 근로자의 직장생활의 질 결정에 있어 다양성 관리의 역할 검증6

⑤ 본 연구에서는 심리 특성, 직무 특성, 전이 특성과 직장생활의 질 간의 관계에 있어 다양성 관리의 조절효과를 검증하기 위해 연속형 변수로 구성된 소극적 다양성 관리와 적극적 다양성 관리 변수를 범주형 변수로 전환하여 다양성 관리가 잘되고 있는 조직과 그렇지 않은 조직으로 구분하여 선행요인과의 상호작용항을 구성하였다. 이를 바탕으로 1단계 회귀 분석에 심리 특성, 직무 특성, 전이 특성과 다양성 관리를 투입하고, 2단계 회귀 분석에는 선행요인과 조절요인과의 상호작용항을 투입하여 단계적 회귀 분석을 실시하였다. 단계적 회귀 분석은 개별 다양성 관리 정책의 조절효과를 살펴보기 위해 소극적 다양성 관리와 적극적 다양성 관리 제도인 유연근무제도, 친가족제도, 개인성장지원제도 등으로 구분하여 총 4회에 걸쳐 실시하였다. 이를 구체적으로 살펴보면 다음과 같다.

(1) 소극적 다양성 관리
공공조직과 민간조직 여성 근로자의 직장생활의 질에 있어 소극적 다양성 관리의 조절효과를 살펴보면, 공공조직과 민간조직 모두 1단계 회귀 모형과 비교할 때 상호작용항이 투입된 2단계 회귀 모형의 결정계수가 통계적으로 유의미하게 증가하였으므로 선행요인과 직장생활의 질 간의 관계에 있어 다양성 관리는 조절효과가 있는 것을 확인할 수 있었다.

먼저 공공조직에서는 소극적 다양성 관리가 직무 적합성, 직무 만족도, 긍정적 전이와 직장생활의 질 간의 관계에 있어 조절효과를 갖는 것을 확인할 수 있었다. 구체적으로 소극적 다양성 관리를 통해 직무 적합성이 직장생활의 질에 미치는 긍정적인 영향력을 강화하며(+,+), 직무 만족도가 직장생활의 질에 미치는 긍정적인 영향력을 강화하는(+,+) 것을 확인할 수 있었다. 또한 소극적 다양성 관리를 통해 긍정적 전이가 직장생활의 질에 미치는 긍정적인 영향력 또한 강화하는(+,+) 것을 확인할 수 있었다. 따라서 공공조직에서는 본 연구에서 설정한 가설 중 [가설 5-1]이 부분 채택되었다.

반면 민간조직에서는 소극적 다양성 관리가 직무 적합성과 직장생활의 질 간의 관계에 있어 조절효과를 갖는 것을 확인할 수 있었다. 구체적으로 소극적 다양성 관리를 통해 직무 적합성이 직장생활의 질에 미치는 긍정적인 영향력을 강화하는(+,+) 것을 확인할 수 있었다. 따라서 민간조직에서는 본 연구에서 설정한 가설 중 [가설 5-1]이 부분 채택되었다.

⟨소극적 다양성 관리의 조절효과 검증⟩

구분			공공조직				민간조직			
			1단계		2단계		1단계		2단계	
			β	t	β	t	β	t	β	t
통제 요인		연령	0.073	2.211*	0.076	2.344*	-0.006	-0.368	-0.003	-0.192
		최종 학력	0.037	1.115	0.039	1.181	0.023	1.330	0.024	1.421
		배우자 유무	-0.059	-2.118*	-0.070	-2.538*	0.026	1.894*	0.026	1.900+
		자녀 유무	0.042	1.555	0.044	1.643	0.031	2.298*	0.031	2.324*
		종교 유무	-0.043	-1.615	-0.046	-1.765	-0.018	-1.367	-0.017	-1.256
독립 요인	심리 특성	스트레스	0.024	0.857	0.033	0.898	-0.054	-3.841***	-0.040	-2.148*
		우울감	-0.079	-2.778**	-0.083	-2.351*	0.008	0.549	-0.002	-0.087
	직무 특성	직무 적합성	0.034	1.268	0.106	2.941**	0.009	0.680	0.015	0.828
		직무 만족도	0.840	27.901***	0.908	23.999***	0.878	57.427***	0.863	46.197***
	전이 특성	직장-일상 긍정적 전이	0.065	2.415*	0.016	0.442	0.015	1.083	0.029	1.549
		직장-일상 부정적 전이	0.048	1.803	0.020	0.584	-0.030	-2.132*	-0.030	-1.661
조절 요인		소극적 관리	0.010	0.371	0.046	1.521	-0.002	-0.114	-0.008	-0.561

소극적 다양성 관리의 조절 효과	심리 특성	스트레스× 소극적 다양성 관리		-0.031	-0.797			-0.024	-1.253
		우울감× 소극적 다양성 관리		0.007	0.204			0.017	0.957
	직무 특성	직무 적합성× 소극적 다양성 관리		0.093	2.443*			0.039	2.170*
		직무 만족도× 소극적 다양성 관리		0.109	2.687**			-0.020	-1.053
	전이 특성	긍정적 전이× 소극적 다양성 관리		0.089	2.292*			-0.017	-0.938
		부정적 전이× 소극적 다양성 관리		0.056	1.650			0.003	0.155
통계량			$\triangle R^2=0.015^{**}$			$\triangle R^2=0.002^{*}$			
			$R^2=0.778$ adj $R^2=0.770$ $F=99.111^{***}$	$R^2=0.793$ adj $R^2=0.782$ $F=71.036^{***}$		$R^2=0.763$ adj $R^2=0.761$ $F=364.549^{***}$	$R^2=0.765$ adj $R^2=0.762$ $F=244.697^{***}$		

$+p<0.1$, $^{*}p<0.05$, $^{**}p<0.01$, $^{***}p<0.001$

(2) 적극적 다양성 관리

공공조직과 민간조직 여성 근로자의 직장생활의 질에 있어 적극적 다양성 관리의 조절효과를 살펴보면, 유연근무제와 친가족제도는 공공조직과 민간조직 모두 1단계 회귀 모형과 비교할 때 상호작용항이 투입된 2단계 회귀 모형의 결정계수가 통계적으로 유의미하게 증가하지 않았으므로 선행요인과 직장생활의 질 간의 관계에 있어 유연근무제도와 친가족제도의 조절효과는 존재하지 않는 것을 확인할 수 있었다. 이와 달리 개인성장지원제도는 공공조직에서만 선행요인과 직장생활의 질 간의 관계에 있어 조절효과를 갖는 것을 확인할 수 있었다. 아래 표에서 보는 바와 같이 공공조직에서는 직무 적합성이 직장생활의 질에 미치는 긍정

적인 영향력을 개인성장지원제도가 강화하는(+,+) 것을 확인할 수 있었
다. 따라서 공공조직에서는 본 연구에서 설정한 가설 중 [가설 5-2-3]이
채택되었다.

〈적극적 다양성 관리(개인성장지원제도)의 조절효과 검증〉

구분			공공조직			
			1단계		2단계	
			β	t	β	t
통제 요인		연령	0.073	2.247*	0.063	1.939+
		최종 학력	0.035	1.037	0.024	0.708
		배우자 유무	-0.060	-2.174*	-0.057	-2.062*
		자녀 유무	0.042	1.557	0.031	1.169
		종교 유무	-0.041	-1.547	-0.023	-0.854
선행 요인	심리 특성	스트레스	0.023	0.854	-0.001	-0.034
		우울감	-0.085	-2.938**	-0.090	-2.395*
	직무 특성	직무 적합성	0.033	1.253	0.004	0.43
		직무 만족도	0.836	27.643***	0.824	22.922***
	전이 특성	직장-일상 긍정적 전이	0.065	2.437*	0.111	3.285**
		직장-일상 부정적 전이	0.045	1.700	0.068	2.008
조절 요인		적극적 다양성 관리 (개인성장지원제도)	0.025	0.941	0.005	0.141
적극적 다양성 관리의 조절 효과	심리 특성	스트레스× 개인성장지원제도			0.030	0.869
		우울감× 개인성장지원제도			0.003	0.073
	직무 특성	직무 적합성× 개인성장지원제도			0.091	2.662**
		직무 만족도× 개인성장지원제도			0.014	0.355
	전이 특성	긍정적 전이× 개인성장지원제도			-0.063	-1.753

전이특성	부정적 전이×개인성장지원제도			-0.040	-1.160
통계량				△R²=0.009*	
		R²=0.778 adj R²=0.770 F=99.552***		R²=0.787 adj R²=0.776 F=68.747***	

+p<0.1, *p<0.05, **p<0.01, ***p<0.001

→ ⑤: 분석 목적 및 분석 방법(단계적 회귀 분석)을 분명하게 언급하고 분석 결과를 구체적으로 기술

자료: 여성연구 97(2)에 게재된 김선아·박성민(2018)의 연구논문 내용 일부 발췌[5]

연구논문 사례 3(김선아 & 박성민, 2017)

연구 제목

– 인사혁신 전략 수립의 유형화와 최적화에 관한 탐색적 연구: 중앙행정기관을 중심으로

연구 질문

– 정부 인사혁신에 있어 조직 특성을 반영하기 위한 적정 수준의 분류

---

5 조절효과 평가의 일반적 지침은 다음과 같다(이일현, 2016: 342).
– 독립변수(+) & 조절효과(+) : 독립변수가 종속변수에 미치는 정(+)의 영향력을 강하게 함
– 독립변수(+) & 조절효과(–) : 독립변수가 종속변수에 미치는 정(+)의 영향력을 약하게 함
– 독립변수(–) & 조절효과(+) : 독립변수가 종속변수에 미치는 부(–)의 영향력을 약하게 함
– 독립변수(–) & 조절효과(–) : 독립변수가 종속변수에 미치는 부(–)의 영향력을 강하게 함

기준은 무엇인가?

– 적정 분류 기준에 따른 중앙행정기관 유형별 최적화된 인사혁신 전략
은 무엇인가?

IV. 실증 분석

1. 조직 유형화를 위한 핵심 기준요인 범주화

한국 중앙행정기관을 대상으로 진행한 김선아·박성민(2017)의 연구
에 따르면 조직의 제도 특성, 업무 특성, 정책 특성 등을 고려하여 핵심
인사혁신 가치에 대한 집단 간 차이 분석을 시행한 결과, 제도 특성으로
예산 규모, 현원 규모, 특정직 비율 등 3개 요인, 업무 특성으로 기관 업
무의 일반성 수준, 전문성 수준, 전략성 수준 등 3개 요인, 정책 특성으
로 정책 기능별 특성 등 1개 요인 등 총 7개 요인이 인사혁신 가치의 중
요도에 있어 차이를 유발하는 요인임을 확인할 수 있었다.

그러나 측정 항목을 기준으로 살펴보면 차이를 유발하는 조직 특성
으로 8개 요인이 도출되었다. 제도 특성인 예산 규모, 현원 규모, 특정직
비율과 업무 특성인 일반성 수준, 전문성 수준, 전략성 수준은 각각 1개
의 문항으로 측정되었으나, 정책 기능별 특성은 기획 업무와 집행 업무
의 2개 문항을 바탕으로 측정되었기 때문에 실제 요인은 8개로 이해할
수 있다. 조직 유형화에 있어 8개 요인을 모두 포함시킬 경우 분석의 타
당성이 저해될 수 있어 해당 8개 요인을 핵심 기준요인으로 범주화하기
위해 상관관계 분석과 요인 분석을 실시하였다.

1) 상관관계 분석

① 본 연구에서는 정부 인사혁신에 있어 핵심 인사혁신 가치의 중요
도 인식에서 차이를 유발하는 8개 조직 특성을 핵심 기준요인으로 범주
화하기 위한 첫 번째 단계로 상관관계 분석을 실시하였다. 상관관계 분
석 결과 제도 특성인 예산은 현원(r=0.495, p<0.01), 특정직 비율은 전문성
(r=0.243, p<0.1), 일반성은 정책 집행(r=0.128, p<0.05), 전문성은 기획(r=0.316,
p<0.05), 전략성은 기획(r=0.436, p<0.01)과 상관관계를 갖는 것을 확인할 수
있었다.

〈상관관계 분석〉

구분		제도 특성			업무 특성			정책 특성	
예산		현원	특정직	일반성	전문성	전략성	기획	집행	
일반 특성	예산	1.00.							
	현원	0.495**	1.00.						
	특정직	0.147	0.971**	1.00.					
업무 특성	일반성	-0.332	-0.083	-0.070	1.000				
	전문성	0.033	0.095	0.243+	0.043	1.00.			
	전략성	0.130	0.155	0.143	0.143	0.176	1.00.		
정책 특성	기획	0.351	0.098	0.095	0.095	0.316*	0.436**	1.00.	
	집행	-0.097	0.145	0.128	0.128*	-0.031	0.134	0.203	1.00.

+p<0.1, *p<0.05, **p<0.01, ***p<0.001

→ ①: 분석 목적 및 분석 방법(상관관계 분석)을 분명하게 언급하고 분석 결과를 구체적으
로 기술

2) 탐색적 요인 분석

② 상관관계 분석을 통해 8개 조직 특성 중 일부 항목이 서로 상관관계를 갖고 있는 것으로 나타나서 이를 상위 기준요인으로 범주화하는 것이 타당할 것으로 판단되어 정부 인사혁신에 있어 핵심 인사혁신 가치의 중요도 인식에서 차이를 유발하는 8개 조직 특성을 핵심 기준요인으로 범주화하기 위한 두 번째 단계로 탐색적 요인 분석(EFA: Exploratory Factor Analysis)을 시행하였다. 탐색적 요인 분석 결과 조직의 특성을 나타내는 8개 항목이 3개 요인으로 범주화되는 것을 확인할 수 있었고, KMO값이 0.5 이상인 0.573 [※아래 표에는 0.578 확인※]으로 나타났으며, Bartlett의 구형성 검정이 통계적으로 유의미하게 나타나($p<0.001$) 요인 분석 결과가 통계적으로 유의미함을 확인할 수 있었다.

구체적으로 '요인 1'은 예산과 현원 규모 등 2개 변수를 포함시키는 것으로 나타났으며, 본 연구에서는 이러한 구성 요소의 특성을 고려하여 이를 '조직 규모'로 명명하였다. 두 번째 '요인 2'는 업무의 일반성 수준과 정책의 집행 기능 등 2개 변수를 포함시키는 것으로 나타났으며, 본 연구에서는 이러한 구성 요소의 특성을 고려하여 이를 '일반행정가 (Generalist)적 업무 및 정책 특성'으로 명명하였다. 세 번째 '요인 3'은 특정직 비율, 업무의 전문성 수준, 업무의 전략성 수준, 정책의 기획 기능 등 4개 변수를 포함하는 것으로 나타났으며, 본 연구에서는 이러한 구성 요소의 특성을 고려하여 '전문행정가(Specialist)적 업무 및 정책 특성'으로 명명하였다.

<탐색적 요인 분석>

구분	요인 1	요인 2	요인 3
	조직 규모	일반행정가적 업무 및 정책 특성	전문행정가적 업무 및 정책 특성
예산	0.631	-0.239	0.393
현원 규모	0.971	0.128	0.029
일반성	-0.121	0.637	0.374
집행	0.072	0.806	-0.069
특정직 비율	0.004	0.100	0.662
전문성	0.029	0.140	0.685
전략성	0.054	0.357	0.739
기획	0.077	-0.073	0.839
KMO값	0.578(p<0.001)		
아이겐값	2.296	1.1760	1.622
분산비율	28.704	22.001	20.278
누적분산비율	28.704	50.705	70.983

→ ②: 분석 목적 및 분석 방법(탐색적 요인 분석)을 분명하게 언급하고 분석 결과를 구체적으로 기술

2. 조직 특성을 반영한 최적화된 인사혁신 전략 수립을 위한 조직 유형화

③ 본 연구에서는 인사혁신의 부문 및 기능별 전략적 인사혁신 목표의 중요도 인식에서 차이를 유발하는 요인을 조직 규모, 일반행정가적 업무 및 정책 특성, 전문행정가적 업무 및 정책 특성 등 3개의 핵심 기준 요인으로 범주화하고, 3개 요인의 요인값을 기준으로 조직 특성을 반영한 최적화된 인사혁신 전략을 수립하기 위한 조직 유형화를 시도하였다. 이를 위해 탐색적 다변량 분석 기법인 군집 분석을 실시하였는데, 본 연

구에서는 일반적인 군집 분석의 절차에 따라 첫째, 계층적 군집 분석을 통해 적정 군집 수를 탐색하였고 둘째, 분산 분석을 통해 계층적 군집 분석으로 분류된 군집의 수에 대한 타당성 검증을 바탕으로 군집의 수를 확정하였다. 셋째, 확정된 군집의 수를 바탕으로 비계층적 군집 분석을 시행하여 군집을 분류하였고 마지막으로, 비계층적 군집 분석 결과를 바탕으로 분산 분석을 통해 분류된 군집에 대한 통계적 타당성 검증을 바탕으로 최종적으로 군집 분류를 완료하였다. 이를 구체적으로 살펴보면 다음과 같다.

1) 적정 군집 수 결정을 위한 계층적 군집 분석

조직 규모, 일반행정가적 업무 및 정책 특성, 전문행정가적 업무 및 정책 특성 등 3개의 핵심 기준요인을 바탕으로 계층적 군집 분석의 해법 군집 수를 3개에서 1개씩 늘려가며 분석을 시행하였고, 각 단계별로 덴드로그램을 확인하여 가장 적절한 군집의 수가 8개임을 확인할 수 있었다.

〈계층적 군집 분석의 군집별 특성값〉

구분	Cluster 1	Cluster 2	Cluster 3	Cluster 4	Cluster 5	Cluster 6	Cluster 7	Cluster 8
조직 규모	0.1648150	2.4577583	-0.4492851	-0.3087236	-0.3640086	-0.0465248	-0.5922638	-0.6078393
일반행정가적 업무 및 정책 특성	-1.2815684	-0.3751643	0.2070075	1.5147847	-0.2992288	-1.3538879	0.6373084	1.1772938
전문행정가적 업무 및 정책 특성	0.6074172	0.1410076	0.8406220	0.7006991	-0.0921973	1.4914261	-0.8850936	-2.3465105

계층적 군집 분석을 통해 분류한 8개 군집에 대한 통계적 타당성 검증을 위해 44개 중앙행정기관을 8개의 군집으로 분류한 결과를 바탕으로 조직 규모, 일반행정가적 업무 및 정책 특성, 전문행정가적 업무 및 정책 특성 등 3개의 핵심 기준요인에 대한 분산 분석을 실시하였다. 그

결과 3개 요인에 대해 8개 군집별 평균 차이가 99.9% 신뢰 수준(p<0.001)에서 통계적으로 유의미한 것을 확인할 수 있었다. 이에 본 연구에서는 조직 유형화를 위한 군집의 수를 8로 확정하였다.

<계층적 군집 분석에 대한 분산 분석>

구분	조직 규모				일반행정가적 업무 및 정책 특성				전문행정가적 업무 및 정책 특성			
	Mean	Std.D	F	Sig	Mean	Std.D	F	Sig	Mean	Std.D	F	Sig
군집 1	0.16	0.4716			-1.28	0.3210			0.60	0.2692		
군집 2	2.45	0.8022			-0.37	0.8127			0.14	0.4664		
군집 3	-0.44	0.2153			0.20	0.5240			0.84	0.4318		
군집 4	-0.30	0.4799	28.783***	0.000	1.51	0.3374	23.331***	0.000	0.70	0.6917	28.558***	0.000
군집 5	-0.36	0.2762			-0.29	0.4008			-0.09	0.2493		
군집 6	-0.04	0.7954			-1.35	0.2386			-1.49	0.3298		
군집 7	-0.59	0.0194			0.63	0.3847			-0.88	0.2085		
군집 8	-0.60	0.0036			1.17	0.0000			-2.34	0.7124		

+p<0.1, *p<0.05, **p<0.01, ***p<0.001

2) 최종 군집 분류를 위한 비계층적 군집 분석

계층적 군집 분석을 통해 군집의 수를 8개로 지정하는 것이 통계적으로 타당함이 검증되었고, 이에 군집의 수를 설정한 상태에서 설정된 군집의 중심에서 근거리에 있는 요소를 하나씩 포함해가는 방식으로 군집을 형성하는 방법인 비계층적 분석을 활용하여 유형화를 진행하였다. 우선, 비계층적 군집 분석의 군집별 특성값을 살펴보면 아래 표와 같다.

〈비계층적 군집 분석의 군집별 특성값〉

구분	Cluster 1	Cluster 2	Cluster 3	Cluster 4	Cluster 5	Cluster 6	Cluster 7	Cluster 8
규모	-0.37503	3.21596	1.95229	-0.55400	0.03795	-0.33613	-0.04652	-0.60784
일반행정가적 업무 및 정책 특성	0.06357	-1.18514	0.16482	0.33357	-1.18514	1.40229	-1.35389	1.17729
전문행정가적 업무 및 정책 특성	0.65406	0.14101	0.14101	-0.67521	0.45195	0.68515	-1.49143	-2.34651

군집별 특성값을 기준으로 아래와 같이 군집별 특성을 확인할 수 있었다. Cluster 1은 중규모 조직이고, 일반행정가적 업무 및 정책 특성이 중간이며 전문행정가적 업무 및 정책 특성은 높은 조직임을 확인할 수 있었다. Cluster 2는 대규모 조직이고, 일반행정가적 업무 및 정책 특성은 낮으며 전문행정가적 업무 및 정책 특성 수준은 중간인 조직임을 확인할 수 있었다. Cluster 3은 대규모 조직이고, 일반행정가적 업무 및 정책 특성과 전문행정가적 업무 및 정책 특성 모두 중간인 조직임을 확인할 수 있었으며, Cluster 4는 소규모 조직이고, 일반행정가적 업무 및 정책 특성은 중간이며 전문행정가적 업무 및 정책 특성은 낮은 조직임을 확인할 수 있었다. Cluster 5는 대규모 조직이고, 일반행정가적 업무 및 정책 특성은 낮으며 전문행정가적 업무 및 정책 특성은 높은 조직임을 확인할 수 있었다. Cluster 6은 중규모 조직이고, 일반행정가적 업무 및 정책 특성과 전문행정가적 업무 및 정책 특성 모두 높은 조직임을 확인할 수 있었으며, Cluster 7은 중규모 조직이고, 일반행정가적 업무 및 정책 특성과 전문행정가적 업무 및 정책 특성 모두 낮은 조직임을 확인할 수 있었다. Cluster 8은 소규모 조직이고, 일반행정가적 업무 및 정책 특성은 높으며 전문행정가적 업무 및 정책 특성은 낮은 조직임을 확인할 수 있었다.

<군집별 특성>

구분	Cluster 1	Cluster 2	Cluster 3	Cluster 4	Cluster 5	Cluster 6	Cluster 7	Cluster 8
규모	중규모	대규모	대규모	소규모	대규모	중규모	중규모	소규모
일반행정가적 업무 및 정책 특성	중간	낮음	중간	중간	낮음	높음	낮음	높음
전문행정가적 업무 및 정책 특성	높음	중간	중간	낮음	높음	높음	낮음	낮음

　　비계층적 군집 분석을 통해 도출된 군집화변수를 종속변수로 하고, 새롭게 생성된 군집을 나타내는 명목변수를 독립변수로 분산 분석을 실시하여 변수의 평균 차이가 통계적으로 유의미하면 군집이 잘 분류되었다고 할 수 있는데(이훈영, 2006), 분석 결과 아래 표에서 보는 바와 같이 모든 변수에 대한 분산 분석 결과가 99.9% 신뢰 수준에서 통계적으로 유의미한 것으로 나타나($p<0.001$) 적절히 유형화되었음을 확인할 수 있었다.

<비계층적 군집 분석에 대한 분산 분석>

구분	군집		오차		f	Sig
	평균 제곱	자유도	평균 제곱	자유도		
규모	5.387	7	0.141	35	38.156***	0.000
일반행정가적 업무 및 정책 특성	5.155	7	0.169	35	30.502***	0.000
전문행정가적 업무 및 정책 특성	4.807	7	0.239	35	20.139***	0.000

+$p<0.1$, *$p<0.05$, **$p<0.01$, ***$p<0.001$

→ ③: 분석 목적 및 분석 방법(군집 분석)을 분명하게 언급하고 분석 결과를 구체적으로 기술

④ 본 연구에서는 정부 인사혁신 가치 실현의 최적화를 위해 고려해야 할 조직 특성으로 조직 규모, 일반행정가적 업무 및 정책 특성, 전문행정가적 업무 및 정책 특성 등 3개 핵심 요인을 선정하였다. 조직 규모는 소규모, 중규모, 대규모 등 3개 단계로 구분하였고, 일반행정가적 업무 및 정책 특성과 전문행정가적 업무 및 정책 특성 역시 낮음, 중간, 높음 등 3개 단계로 구분하였다. 비계층적 군집 분석 결과를 바탕으로 조직 특성을 반영한 최적화된 인사혁신 전략 도출을 위한 최종 조직 유형화 결과를 살펴보면 다음과 같다.

첫째, Cluster 1은 중규모에 일반행정가적 업무 및 정책 특성은 중간이고 전문행정가적 업무 및 정책 특성은 높은 조직으로, 여기에는 외교부, 여성가족부, 해양수산부, 국민안전처(현 행정안전부), 관세청, 병무청, 방위사업청, 경찰청, 특허청, 기상청 등 10개 조직이 포함되는 것을 확인할 수 있었다.

둘째, Cluster 2는 대규모에 일반행정가적 업무 및 정책 특성은 낮고 전문행정가적 업무 및 정책 특성은 중간인 조직으로, 여기에는 교육부, 보건복지부 등 2개 조직이 포함되는 것을 확인할 수 있었다.

셋째, Cluster 3은 대규모에 일반행정가적 업무 및 정책 특성과 전문행정가적 업무 및 정책 특성 모두 중간인 조직으로, 여기에는 국방부, 행정자치부(현 행정안전부), 국토교통부 등 3개 조직이 포함되는 것을 확인할 수 있었다.

넷째, Cluster 4는 소규모에 일반행정가적 업무 및 정책 특성은 중간이고 전문행정가적 업무 및 정책 특성은 낮은 조직으로, 여기에는 방송통신위원회, 공정거래위원회, 국민권익위원회, 국가보훈처, 식품의약품안전처, 문화재청, 행정중심복합도시건설청, 새만금개발청, 농촌진흥청 등 9개 조직이 포함되는 것을 확인할 수 있었다.

다섯째, Cluster 5는 대규모에 일반행정가적 업무 및 정책 특성은 낮고 전문행정가적 업무 및 정책 특성은 높은 조직으로, 여기에는 기획재정부, 미래창조과학부(현 과학기술정보통신부), 통일부, 문화체육관광부, 산업통상자원부, 환경부, 금융위원회, 인사혁신처, 중소기업청(현 중소벤처기업부) 등 9개 조직이 포함되는 것을 확인할 수 있었다.

여섯째, Cluster 6은 중규모에 일반행정가적 업무 및 정책 특성과 전문행정가적 업무 및 정책 특성 모두 높은 조직으로, 여기에는 법무부, 고용노동부, 국세청, 조달청, 통계청, 산림청 등 6개 조직이 포함되는 것을 확인할 수 있었다.

일곱째, Cluster 7은 중규모에 일반행정가적 업무 및 정책 특성과 전문행정가적 업무 및 정책 특성 모두 낮은 조직으로, 여기에는 농림축산식품부, 국가인권위원회 등 2개 조직이 포함되는 것을 확인할 수 있었다.

여덟째, Cluster 8은 소규모에 일반행정가적 업무 및 정책 특성은 높고 전문행정가적 업무 및 정책 특성은 낮은 조직으로, 여기에는 원자력안전위원회, 법제처, 대검찰청 등 3개 조직이 포함되는 것을 확인할 수 있었다.

〈조직 특성을 반영한 최적화된 인사혁신 전략 도출을 위한 중앙행정기관의 유형화〉

구분	조직 특성			중앙행정기관
	규모	일반행정가 업무 및 정책 특성	전문행정가 업무 및 정책 특성	
Cluster 1 중규모 일반(중) < 전문(고)	중규모	중간	높음	외교부, 여성가족부, 해양수산부, 국민안전처, 관세청, 병무청, 방위사업청, 경찰청, 특허청, 기상청
Cluster 2 대규모 일반(저) < 전문(중)	대규모	낮음	중간	교육부, 보건복지부

Cluster 3 대규모 일반(중) = 전문(중)	대규모	중간	중간	국방부, 행정자치부, 국토교통부
Cluster 4 소규모 일반(중) > 전문(저)	소규모	중간	낮음	방송통신위원회, 공정거래위원회, 국민권익위원회, 국가보훈처, 식품의약품안전처, 문화재청, 행정중심복합도시건설청, 새만금개발청, 농촌진흥청
Cluster 5 대규모 일반(저) < 전문(고)	대규모	낮음	높음	기획재정부, 미래창조과학부, 통일부, 문화체육관광부, 산업통상자원부, 환경부, 금융위원회, 인사혁신처, 중소기업청
Cluster 6 중규모 일반(고) = 전문(고)	중규모	높음	높음	법무부, 고용노동부, 국세청, 조달청, 통계청, 산림청
Cluster 7 중규모 일반(저) = 전문(저)	중규모	낮음	낮음	농림축산식품부, 국가인권위원회
Cluster 8 소규모 일반(고) = 전문(저)	소규모	높음	낮음	원자력안전위원회, 법제처, 대검찰청

→ ④: 분석 결과를 요약하여 정리

자료: 국정관리연구 12(4)에 게재된 김선아·박성민(2017)의 연구논문 내용 일부 발췌

제6장

〈결론〉의 이해

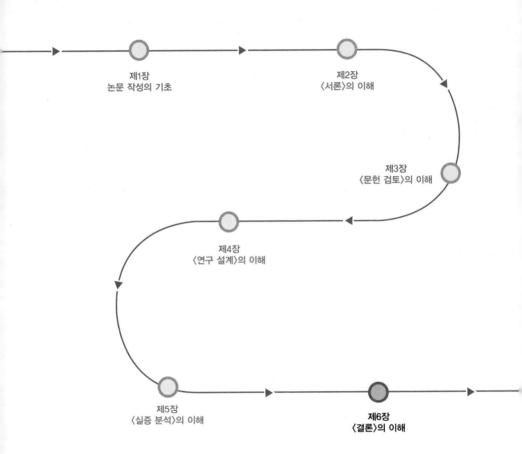

제1장
논문 작성의 기초

제2장
〈서론〉의 이해

제3장
〈문헌 검토〉의 이해

제4장
〈연구 설계〉의 이해

제5장
〈실증 분석〉의 이해

제6장
〈결론〉의 이해

제1절

〈결론〉의 의의

연구논문의 마무리에 해당하는 〈결론〉은 연구를 통해 밝혀낸 결과를 기술하고, 연구자의 관점에서 이러한 분석 결과에 대한 해석에 의미를 부여하는 것을 기본으로 한다. 이에 고홍화 · 김한준(2005)은 연구논문에서의 〈결론〉은 연구를 통해 밝혀낸 결과 및 성과, 결정, 그리고 연구 문제 또는 연구 가설에 대한 응답과 해답, 이러한 결과에 대한 통합, 결과에 근거한 연구자의 해석 등을 담아야 한다고 설명한다(고홍화·김한준, 2005).

특히 〈결론〉에서는 연구 결과에 대한 일반적 기술 및 해석과 함께 해당 연구가 가지는 이론적 · 정책적 함의를 논의함으로써 자신이 수행한 연구의 연구적 가치 및 중요성을 다시 한 번 강조하게 된다. 또한 해당 연구를 기반으로 향후 보다 발전적인 연구가 진행될 수 있도록 자신이 수행한 연구가 갖는 한계점이 무엇인지에 대해 고찰하고, 이를 기반으로 개선점을 제시하면서 마무리하게 된다.

이에 연구논문의 〈결론〉은 ① 기술 및 해석의 맥락에서 분석 결과를 논의(Discussion)하고, ② 최종적인 결론을 내리며(Conclusion), 이를 바탕으로 ③ 연구의 함의(Implication)를 도출하고, ④ 연구의 한계(Limitation) 및 개선점(Improvement Point)을 종합적으로 담아내는 부분이라 할 수 있다. 분석 결과를 논의하는 활동은 분석을 통해 얻어진 결과를 여러 각도에서 검토하여 연구 결과에 대한 연구자의 해석을 부여하고 유사 선행연구와의 비교를 바탕으로 유사점과 차이점을 설명하는 과정을 의미하며, 최종적인 결론을 내리는 활동은 연구 결과를 일반화하는 과정으로 일반적인 수준에서 연구의 주요 결론을 종합하여 주요한 내용을 도출하는 과정을 의미한다. 연구 함의를 도출하는 활동은 연구가 가지는 이론적 함의 및 정책적 함의를 기술하여 연구적 가치를 강조하는 과정이며, 연구의 한계 및 개선점을 기술하는 활동은 연구 내용 및 방법 측면의 한계점을 제시하고 향후 유사 연구를 수행하게 될 경우 보완이 필요한 부분을 제시해줌으로써 보다 발전적인 연구가 수행될 수 있도록 미래 연구자에게 조언을 제시하는 과정이라 할 수 있다.

이러한 내용을 종합할 때 연구논문의 〈결론〉은 분석 결과를 바탕으로 〈서론〉에서 제시한 연구 질문에 대한 해답을 제시하고, 분석적 관점을 토대로 이론적·정책적 측면에서 본 연구가 갖는 의미를 제시함으로써 독자로 하여금 다시 한 번 해당 연구의 목적과 중요성에 대해 공감을 이끌어내며 연구에 대한 전반적인 이해를 제공한다는 측면에서 그 중요성을 이해할 수 있다.

〈결론〉의 역할

연구논문에서 〈결론〉의 역할은 ① 연구의 종착점이면서 ② 연구의 가치를 강조하고 ③ 새로운 연구의 출발점으로 구분하여 살펴볼 수 있다. 이를 구체적으로 살펴보면 다음과 같다.

첫째, 〈결론〉은 연구의 종착점으로서의 역할을 수행한다. 이는 〈결론〉이 연구의 〈서론〉에서 제시했던 연구 문제 및 연구 가설에 대한 해답을 제공해야 한다는 의미이다. 따라서 〈결론〉은 독자로 하여금 연구 목적의 달성 여부를 쉽게 파악할 수 있도록 연구 목적과 연계하여 연구 결과를 기술해야 한다. 특히 연구 문제 및 연구 가설에 대한 해답은 분석 결과에 기초하여 작성하는데, 이때는 기존 연구와의 비교적 관점에서 분석 결과를 확인하게 된다. 따라서 해당 연구의 분석 결과에 대한 일반적 기술뿐만 아니라, 기존 선행연구와 비교했을 때 유사점과 차이점은 무엇인지, 그리고 해당 연구에서는 왜 이러한 연구 결과가 도출되었는지에 대해 충분한 설명이 함께 이루어져야 한다.

둘째, 〈결론〉은 연구의 가치를 강조하는 역할을 수행한다. 이는 〈결론〉에서 연구 문제 및 연구 가설에 대한 해답뿐만 아니라 이러한 연구를 통해 발견한 내용을 기반으로 이론적·정책적 함의를 제공해야 한다는 의미이다. 이론적 함의는 이론적 중요성을 기반으로 연구의 가치를 강조하는 부분이다. 기존의 이론을 토대로 연구 모형 및 가설을 설정하여 이를 검증하는 연역적 연구인 경우, 해당 연구가 기존 이론의 일반화 가능성을 높이는 데 기여했는지를 중점적으로 기술하게 되며, 개별 사례에 대한 관찰을 기반으로 사례를 축적하는 귀납적 연구인 경우, 해당 연구를 통해 새롭게 발견한 점이 무엇인지, 해당 현상을 설명할 수 있는 이론 형성에 기여하였는지를 중점적으로 기술하게 된다. 또한 정책적 함의는 실무적 중요성을 기반으로 연구의 가치를 강조하는 부분이다. 사회과학 연구는 자연과학 연구와 달리 기술, 설명, 예측이라는 과학 및 과학적 연구 활동의 기본 목적에 더해 '통제'라는 기능도 수행하게 된다(채서일, 2016; 남궁근, 2017). 여기서의 통제는 바람직한 방향으로의 변화 또는 사회의 공공선 실현을 위한 정책적 노력을 의미한다. 따라서 정책적 함의는 특정 분야에서 해당 연구 결과를 기반으로 제공할 수 있는 제도적 측면의 개선안에 관한 논의가 함께 이루어져야 한다.

셋째, 〈결론〉은 새로운 연구의 출발점으로서의 역할을 수행한다. 이는 해당 연구가 가지고 있는 연구적 한계를 제시하고 이에 대한 보완 방법을 제시함으로써 더 나은 후속 연구를 위한 토대를 제공해야 한다는 의미이다. 따라서 〈결론〉에서는 연구의 내용적인 측면과 함께 연구의 방법론적인 측면(자료 수집 방법, 자료 분석 방법, 조작화 및 측정)에서 해당 연구가 갖고 있는 한계를 객관적 시각에서 진단하고, 이를 개선하기 위한 후속 연구 방향에 대한 기술이 함께 이루어져야 한다.

[그림 6-1] 연구논문에서 〈결론〉의 의의 및 역할

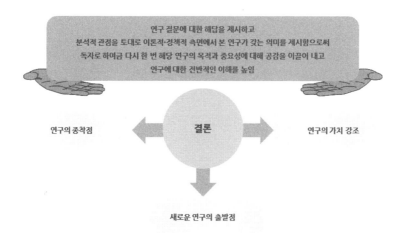

연구 질문에 대한 해답을 제시하고
분석적 관점을 토대로 이론적·정책적 측면에서 본 연구가 갖는 의미를 제시함으로써
독자로 하여금 다시 한 번 해당 연구의 목적과 중요성에 대해 공감을 이끌어 내고
연구에 대한 전반적인 이해를 높임

연구의 종착점　　　　결론　　　　연구의 가치 강조

새로운 연구의 출발점

〈결론〉의 구조

Step 1: 연구 결과의 기술

연구 목적 및 연구 질문 요약 기술
실증 분석 결과 요약 기술

Step 2: 연구 결과의 해석

기존 선행연구와 결과 측면에서의 유사점 및 차이점 분석
해당 연구에서 새롭게 발견한 내용에 대한 맥락적 설명

Step 3: 연구의 이론적 함의 및 정책적 함의 논의

연구의 이론적 함의
– 연역적 연구
  • 기존 선행연구와 다르게 본 연구를 통해 새롭게 발견한 사실은 무엇

인가?

- 해당 연구가 기존 이론의 일반화 가능성을 높이는 데 기여하였는가?
- 귀납적 연구
  - 본 연구를 통해 새롭게 발견한 사실은 무엇인가?
  - 해당 연구가 특정 현상을 설명하기 위한 새로운 이론 형성에 기여하였는가?

연구의 정책적 함의

- 바람직한 방향으로 사회를 변화시키기 위해 본 연구 결과를 기반으로 어떠한 제도적 개선안을 제공해줄 수 있는가?
- 사회의 공공선 실현을 위해 본 연구 결과를 기반으로 어떠한 제도적 개선안을 제공해줄 수 있는가?

Step 4: 연구의 내용적 · 방법론적 한계 및 후속 연구 방향 논의

연구의 내용적·방법론적 한계

- 내용적 한계
  - 이론적 측면에서, 본 연구에서 고려하지 못한 중요한 요인이 있지는 않았는가?
  - 경험적 측면에서, 본 연구에서 고려하지 못한 중요한 요인이 있지는 않았는가?
- 방법론적 한계
  - 조작화 및 측정 과정에서 문제가 있지는 않았는가?
  - 연구에 활용한 자료가 모집단의 대표성을 충분히 확보하고 있는가?
  - 연구 목적에 적절한 방법론을 활용하였는가?

• 자료의 분석 및 해석 과정에서 오류는 없었는가?

후속 연구 방향 논의
− 향후 유사 연구 수행 시 내용적 측면의 개선 방향 제시
− 향후 유사 연구 수행 시 방법론적 측면의 개선 방향 제시

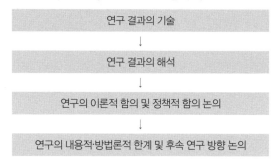

[그림 6-2] 연구논문에서 〈결론〉의 구조

연구 결과의 기술

↓

연구 결과의 해석

↓

연구의 이론적 함의 및 정책적 함의 논의

↓

연구의 내용적·방법론적 한계 및 후속 연구 방향 논의

제4절

〈결론〉 연구논문 사례 분석

연구논문 사례 1(김선아 & 박성민, 2019)

연구 제목
- 균형인사정책을 통한 대표성 강화가 사회적 가치 확산에 미치는 영향에 관한 연구

연구 질문
- 균형인사정책의 정책 성과로서 사회적 가치의 구성 요소는 무엇인가?
- 균형인사정책을 통한 공직 내 여성, 장애인, 이공계, 지역인재, 저소득층의 소극적 대표성(구성론적 대표성) 및 적극적 대표성(역할론적 대표성) 강화가 사회적 가치 확산에 기여할 수 있는가?

V. 결론

① 본 연구의 목적은 균형인사정책의 정책 성과로서 사회적 가치의 하위 구성 요소를 검증하고 균형인사정책의 정책 결과(Output)인 여성, 장애인, 이공계, 지역인재, 저소득층의 공직 내 소극적 대표성(구성론적 대표성) 및 적극적 대표성(역할론적 대표성) 강화가 정책 성과(Outcome)인 사회적 가치 확산에 미치는 영향력을 규명하여 사회적 가치 확산의 맥락에서 균형인사정책의 제도적 발전 방향을 제시하는 것이다. 이에 ② 46개 중앙행정기관 소속 국가공무원을 대상으로 진행한 설문조사 결과를 활용하여 "균형인사정책의 정책 성과로서 사회적 가치의 구성 요소는 무엇인가?", "균형인사정책을 통한 공직 내 여성, 장애인, 이공계, 지역인재, 저소득층의 소극적 대표성(구성론적 대표성) 및 적극적 대표성(역할론적 대표성) 강화가 사회적 가치 확산에 기여할 수 있는가?"라는 두 가지 연구 질문을 바탕으로 실증 분석을 수행하였다.

→ ①: 연구 목적을 언급함
→ ②: 연구 질문을 언급하고, 연구 질문에 대한 해답을 얻기 위해 어떠한 자료 수집 방법을 기반으로 연구를 진행하였는지 요약하여 설명함

③ 첫 번째 연구 질문인 "균형인사정책의 정책 성과로서 사회적 가치의 구성 요소는 무엇인가?"에 대한 해답을 구하기 위해 형평성, 민주성, 대응성, 신뢰성, 사회통합성 등 5개 가치에 대한 탐색적 요인 분석을 시행하였다. 분석 결과 5개 측정 항목을 '사회적 가치'라는 하나의 상위 개념으로 구조화하는 것이 타당함을 확인할 수 있었다.

④ 두 번째 연구 질문인 "균형인사정책을 통한 공직 내 여성, 장애인, 이공계, 지역인재, 저소득층의 소극적 대표성(구성론적 대표성) 및 적극적

대표성(역할론적 대표성) 강화가 사회적 가치 확산에 기여할 수 있는가?"에 대한 해답을 구하기 위해 균형인사정책의 선행요인으로 정책 결과인 소극적 대표성·적극적 대표성과 결과요인으로 정책 성과인 사회적 가치 간의 인과관계 분석을 시행하였다. 분석 결과, 소극적 대표성과 사회적 가치 간의 관계에서는 저소득층을 제외하고 여성, 장애인, 이공계, 지역인재 대상의 균형인사정책을 통한 각 집단의 소극적 대표성 강화가 사회적 가치 확산에 통계적으로 유의미한 정(+)의 영향을 미치고 있음을 확인할 수 있었다. 구체적으로 형평성, 민주성, 대응성, 신뢰성, 사회통합성 등 사회적 가치의 5개 하위 구성 요소 중에서 여성의 소극적 대표성은 민주성, 대응성, 신뢰성, 사회통합성에, 장애인과 이공계의 소극적 대표성은 형평성, 신뢰성, 사회통합성에, 지역인재의 소극적 대표성은 형평성, 민주성, 대응성, 신뢰성, 사회통합성 모두에 통계적으로 유의미한 정(+)의 영향을 미치고 있음을 확인할 수 있었다. 또한 적극적 대표성과 사회적 가치 간의 관계에서는 이공계, 저소득층을 제외하고 여성, 장애인, 지역인재 대상의 균형인사정책을 통한 각 집단의 적극적 대표성 강화가 사회적 가치 확산에 통계적으로 유의미한 정(+)의 영향을 미치고 있음을 확인할 수 있었다. 구체적으로 형평성, 민주성, 대응성, 신뢰성, 사회통합성 등 사회적 가치의 5개 하위 구성 요소 중에서 여성의 적극적 대표성은 형평성, 민주성, 대응성, 신뢰성, 사회통합성 모두에, 장애인과 지역인재의 적극적 대표성은 민주성 [※밑에는 '형평성' 확인※], 대응성, 신뢰성, 사회통합성에 통계적으로 유의미한 정(+)의 영향을 미치고 있음을 확인할 수 있었다.

→ ③, ④: 각각의 연구 질문에 대한 해답을 구하기 위해 구체적으로 어떠한 분석을 적용하였는지 설명하고 분석 결과를 기술함
특히 독자들의 이해를 돕기 위해 각 연구 질문별로 연구 결과를 연계하여 기술함

⑤ 이러한 분석 결과를 바탕으로 정책적 함의를 제시하면 다음과 같다. 첫째, 여성 균형인사정책의 경우 사회적 가치 확산에 있어 소극적 대표성은 민주성, 대응성, 신뢰성, 사회통합성 등 4개 구성 요소에 유의미한 영향을 미쳤으나, 적극적 대표성은 형평성을 포함하여 사회적 가치의 5개 구성 요소 모두에 유의미한 영향을 미침을 확인할 수 있었다. 이에 사회적 가치의 확산을 위한 여성 균형인사정책을 구현함에 있어 양성평등 채용목표제와 같은 구성론적 접근이 아닌, 여성 관리자 임용목표제와 같은 역할론적 접근을 강화해야 할 것이다. 즉 관리직을 포함하여 조직 내 주요 직위 및 보직에서의 성별 불균형을 완화하려는 노력이 적극적으로 전개되어야 할 것이다.

둘째, 장애인 균형인사정책의 경우에도 사회적 가치 확산에 있어 소극적 대표성은 형평성, 신뢰성, 사회통합성 등 3개 요소에 유의미한 영향을 미쳤으나, 적극적 대표성은 이보다 많은 민주성, 대응성, 신뢰성, 사회통합성 등 4개 요소에 유의미한 영향을 미침을 확인할 수 있었다. 이에 사회적 가치 확산을 위한 장애인 균형인사정책을 구현함에 있어 여성 균형인사정책과 마찬가지로 공직 내 장애인의 역할론적 대표성 강화를 보다 중요한 과제로 다루어야 할 것이다. 즉 장애인 채용 직위와 직급을 다양화하고, 관리직급 및 주요 보직에서 장애인 비율을 확대하기 위한 노력이 이루어져야 할 것이다.

셋째, 이공계 균형인사정책의 경우 사회적 가치 확산에 있어 소극적 대표성만 유의미한 영향을 미침을 확인할 수 있었다. 다만 구성론적 대표성은 역할론적 대표성 강화를 위한 선행 조건이라는 점을 고려할 때, 이러한 결과는 사회적 가치 확산에 있어 이공계의 적극적 대표성 강화가 중요하지 않은 것이 아니라, 공직 내에 이공계의 구성론적 대표성 확보 수준이 낮기 때문에 발생한 결과로 해석할 수 있다. 실제로 각 부문별 균형인사 수준을 진단한 '2018 균형인사 연차보고서'에 의하면, 2017

년 기준 고위공무원에서 이공계 비율은 20.8%, 5급 신규채용에서 이공계 비율은 33.2%로 비이공계와 비교할 때 이공계 구성 비율이 다소 낮음을 확인할 수 있었다(인사혁신처, 2018b: 31~32). 이에 현재 시점에서는 이공계 균형인사정책을 구현함에 있어 여성, 장애인 균형인사정책과 달리 구성론적 대표성 강화를 우선 과제로 다루어야 할 것이다. 따라서 고위공무원 이공계 확대 목표 수준과 5급 이공계 신규채용 확대 목표 수준을 상향 조정하여 공직 내 이공계의 구성 비율을 지속적으로 향상시켜 나가야 할 것이다.

넷째, 지역인재 균형인사정책의 경우 사회적 가치 확산에 있어 소극적 대표성은 사회적 가치의 5개 구성 요소 모두에 유의미한 영향을 미쳤으나, 적극적 대표성은 이보다 적은 형평성 [※위에는 '민주성' 확인※], 대응성, 신뢰성, 사회통합성 등 4개 요소에 유의미한 영향을 미침을 확인할 수 있었다. 특히 각 집단별 소극적 대표성 향상이 사회적 가치 확산(총합 평균 척도)에 미치는 영향력을 분석한 모형에서 지역인재의 소극적 대표성 강화가 사회적 가치 확산에 미치는 상대적 영향력이 가장 큰 것을 확인할 수 있었다. 이에 사회적 가치의 확산을 위한 지역인재 균형인사정책을 구현함에 있어 지역인재의 구성론적 대표성 강화와 역할론적 대표성 강화를 위한 제도적 노력이 함께 전개되어야 할 것이다. 따라서 현재 계획된 지역인재 추천채용제 선발 비율 확대 및 지방인재 채용목표제 적용 기한 연장과 더불어 역할론적 대표성 강화를 위해 지역인재에 대한 보직관리 개선 논의도 함께 이루어져야 할 것이다.

다섯째, 저소득층 균형인사정책의 경우 공직 내 저소득층의 소극적 대표성 및 적극적 대표성 강화 모두 사회적 가치 확산에 통계적으로 유의미한 영향을 미치지 못함을 확인할 수 있었다. 다만 그렇다고 해서 사회적 가치 확산에 있어 저소득층 균형인사정책이 제 역할을 하지 못한다고 단정 지을 수는 없다. 현재 저소득층 균형인사정책은 9급 공개경쟁채용시험 및 경력경쟁채용시험에만 한정적으로 적용되고 있으며, 구분모집 비율 역시 공채 2%, 경채 1%로 다소 낮은 실정이다. 이로 인해 실제 9급 전체에서 저소득층 선발 비율은 약 2.7%에 머무르고 있음을 확인할 수 있었다(인사혁신처, 2018b: 33). 즉 저소득층 균형인사정책을 통한 소극적 대표성 및 적극적 대표성 강화가 사회적 가치 확산에 통계적으로 유의미한 영향을 미치지 못한 것은 저소득층 균형인사정책이 효과가 없어서가 아니라 공직 내 저소득층의 구성론적 대표성을 확보할 만큼 적극적으로 전개되지 않았기 때문으로 해석할 수 있다. 이에 현재 논의가 진행 중인 구분모집 비율 확대 및 저소득층 구분모집 적용 직급 확대를 적극적으로 추진할 필요가 있다고 생각된다. 다만 공무원 선발에 있어 구분모집제의 운영과 같은 특정집단 우대 정책은 역차별(Reverse Discrimination) 문제를 야기하여 일반 사회 구성원의 반발 및 갈등을 유발할 수 있으므로 대상 집단 선발 및 적용 규모 산정에 있어 숙의의 과정이 필요할 것이다.

이와 더불어 본 연구에서는 균형인사정책을 통한 대표성 강화와 사회적 가치 확산 간의 관계를 규명함에 있어 성별, 연령, 교육 수준, 공직 근무 연한, 직급 등의 요소를 통제변수로 설정하였는데, 이 중 직급의 경우 소극적 대표성과 사회적 가치 간의 관계, 적극적 대표성과 사회적 가치 간의 관계를 규명하기 위한 2개의 연구 모형 모두에서 통계적으로 유의미한 정(+)의 영향을 미치고 있었다. 즉 직급이 높을수록 균형인사정책이 사회적 가치 확산에 기여할 것이라는 명제에 더욱 강한 믿음을 갖고 있는 것을 확인할 수 있었다. 인사제도의 효과적 구현에 있어 리더의 영향력 및 조직 구성원들의 수용성이 매우 중요하다는 점을 고려할 때, 상위 직급 구성원들을 대상으로 균형인사정책의 효과 및 성과에 대한 공감대 형성을 위해 홍보 및 교육 노력을 적극적으로 전개해 나가야 할 것이다.

→ ⑤: 정책적 함의를 제시함
    특히 연구 결과를 바탕으로 본 연구의 핵심 주제인 균형인사정책의 제도적 측면의
    개선 방안을 하위 제도별로 매우 구체적으로 논의함

    사회적 가치 실현 및 확산을 위한 인사행정의 핵심 도구로서 균형인사정책의 중요성이 어느 때보다 강조되고 있지만 균형인사정책을 통해 달성하고자 하는 사회적 가치가 무엇이고 이러한 사회적 가치를 달성하는 데 있어 균형인사정책의 5개 세부 제도별 최적화된 정책 도구는 무엇인가에 대한 논의는 구체적이지 못했던 것이 사실이다. ⑥ 본 연구는 문재인 정부가 균형인사정책의 최상위 목표로 제시한 사회적 가치의 구성 요소를 형평성, 민주성, 대응성, 신뢰성, 사회통합성 등으로 구체화하고, 대표관료제의 맥락에서 균형인사정책의 핵심 성과로 논의되었던 소극적 대표성 강화 및 적극적 대표성 강화가 사회적 가치 확산에 미치는 영향력을 실증적으로 규명했다는 측면에서 연구적 가치를 발견할 수 있다. 기존 선행연구에서 균형인사정책의 핵심 성과로 논의하였던 소극적 대표성 및 적극적 대표성은 사회적 가치 확산에 있어 매우 중요한 선행요인임을 확인할 수 있었다. 특히 본 연구에서는 균형인사정책의 정책 결과인 소극적 대표성·적극적 대표성과 정책 성과인 사회적 가치 간의 인과관계 분석 결과를 바탕으로 사회적 가치 확산의 맥락에서 균형인사정책의 5개 세부 제도별 중점 추진 과제를 제시했다는 측면에서 실무적 가치를 발견할 수 있다. ⑦ 그러나 이와 같은 본 연구의 연구적·실무적 가치에도 불구하고 본 연구는 분석 대상을 중앙행정기관 소속 국가공무원으로 한정했다는 측면에서 한계를 갖는다. 보다 적실한 균형인사정책의 구현을 위해서는 균형인사정책에 대한 공감성 확보가 중요하기 때문에 균형인사정책의 정책 결과와 성과를 논의하는 데 있어 공무원뿐만 아니라 일반 국민의 인식을 함께 담아낼 필요가 있다. 또한 본 연구는 사회적 가치의 하위 개념을 단일 문항으로 측정했다는 측면에서 한계를 갖는다.

향후 연구에서는 사회적 가치를 측정하는 데 있어 내용 타당성 및 기준 타당성 향상을 위한 방법론적 노력이 수반되어야 할 것이다. 또한 향후 연구에서는 균형인사정책의 정책 성과로서 사회적 가치를 논의할 때 본 연구에서 다룬 형평성, 민주성, 대응성, 신뢰성, 사회통합성 등의 가치와 함께 포용성, 공감성 등의 가치를 함께 다루어야 할 것이다.

→ ⑥: 이론적 함의를 제시함
　　특히 연구적 가치를 논의함에 있어 기존 선행연구와의 비교적 관점에서 논의를 전개
　　하고 있음
→ ⑦: 본 연구의 한계 및 해당 한계를 극복하기 위한 후속 연구 방향을 논의하고 있음

자료: 한국행정논집 31(2)에 게재된 김선아·박성민(2019)의 연구논문 내용 일부 발췌

연구논문 사례 2(김선아 & 박성민, 2018)

연구 제목
– 여성 근로자의 직장생활의 질 향상을 위한 연구 : 조직 내 다양성 관리 전략의 역할 검증을 중심으로

연구 질문
– 여성 근로자 개인이 경험하는 심리 특성, 직무 특성, 전이 특성 중에서 직장생활의 질 향상에 있어 가장 중요한 역할을 하는 요인은 무엇인가?
– 여성 근로자의 직장생활의 질 향상에 있어 조직의 다양성 관리 전략은 의미 있는 역할을 하고 있는가?

V. 결론

① 본 연구는 여성 근로자의 직장생활의 질 영향 요인을 규명하는 데 있어 핵심 조절요인으로 다양성 관리의 역할을 살펴보았다. 구체적으로 여성 근로자의 심리 특성, 직무 특성, 전이 특성 등의 선행요인과 직장생활의 질 간의 관계를 규명하였고, 선행요인과 결과요인인 직장생활의 질 간의 관계에서 조직 내 다양성 관리 전략의 조절효과를 검증하였다. ② 특히 분석을 수행함에 있어 포괄적 시각에서 다양성 관리의 전략적 역할을 규명하고자 조절요인인 다양성 관리 정책을 소극적 다양성 관리 활동과 적극적 다양성 관리 활동으로 구분하여 구성하였다. 이와 더불어 연구 대상을 공공조직 여성 근로자와 민간조직 여성 근로자로 이원화하는 등 선행연구와 차별화된 접근을 바탕으로 연구의 내용적 타당성을 제고하였다.

→ ①: 연구 목적을 언급함
→ ②: 연구 내용을 종합적으로 기술하면서 해당 연구가 기존 연구와 어떠한 차별점을 갖는지 함께 기술하여 연구의 학문적 가치를 강조함

③ 분석 결과를 살펴보면 먼저 직장생활의 질과 선행요인 및 조절요인에 대한 인식 비교를 통해 긍정적 특성(직무 적합성, 직무 만족도, 직장-일상 긍정적 전이, 소극적 다양성 관리 수준, 적극적 다양성 관리 수준)은 공공조직 여성 근로자의 인식 수준이 민간조직 여성 근로자보다 높게 나타나는 반면, 부정적 특성(스트레스, 우울감, 직장-일상 부정적 전이)은 민간조직 여성 근로자의 인식 수준이 공공조직 여성 근로자보다 높게 나타남을 알 수 있었다. 비록 인식 중심의 탐색적 비교 분석 결과임에도 불구하고 이러한 유의미한 공－사 간 차이 검증 결과는 공공조직에서 보다 선도적으로 구현되고 있

는 일과 삶 균형정책 및 삶의 질 제고정책이 효과를 발휘하고 있는 것으로 해석할 수 있다. 특히 이러한 결과는 여성 대상의 균형인사정책과 여성 친화형 일과 삶 균형정책의 제도화와 내재화를 공공조직이 보다 주도적으로 이끌어나갈 수 있는 가능성을 보여주는 결과라 할 수 있다.

다음으로 여성 근로자의 직장생활의 질 선행요인 검증을 통해 공공조직의 경우 우울감은 여성 근로자의 직장생활의 질에 부(-)의 영향을 미치고 직무 만족도, 직장-일상 긍정적 전이, 적극적 다양성 관리 중 친가족제도가 여성 근로자의 직장생활의 질에 정(+)의 영향을 미치는 것을 확인할 수 있었다. 반면 민간조직의 경우 스트레스와 직장-일상 부정적 전이가 여성 근로자의 직장생활의 질에 부(-)의 영향을 미치고 직무 만족도와 적극적 다양성 관리 중 친가족제도가 여성 근로자의 직장생활의 질에 정(+)의 영향을 미치는 것을 확인할 수 있었다. 이는 공공조직 및 민간조직 모두에서 친가족정책이 갖고 있는 상징적·실제적 중요성을 보여주는 결과로 이해할 수 있다. 따라서 친가족정책의 주요 내용인 출산 장려 프로그램 제공, 보육서비스 지원, 가족부양 지원 등과 같은 가족생활지원제도의 실질적 구현을 통해 여성 근로자의 일과 삶 균형을 제고하는 것이 향후 공공 및 민간 영역 인사담당 관리자들과 전문가들이 전략적으로 풀어나가야 할 중요 의제라고 볼 수 있다.

마지막으로 여성 근로자의 직장생활의 질 결정에 있어 다양성 관리 정책의 역할 검증을 통해 인사관리상의 차별 해소를 위한 소극적 다양성 관리의 경우, 첫째 공공조직에서는 직무 적합성과 직무 만족도가 여성 근로자의 직장생활의 질에 미치는 긍정적인 영향력을 강화하는 것을 확인할 수 있었으며, 둘째 민간조직에서는 직무 적합성이 여성 근로자의 직장생활에 미치는 긍정적인 영향력을 강화하는 것을 확인할 수 있었다. 이와 달리 적극적 다양성 관리는 일과 삶 균형정책 중 개인성장지원제도가 공공조직에서만 직무 적합성과 여성 근로자의 직장생활의 질에 미치는 긍정적 영향력을 강화하는 것을 확인할 수 있었다. 이러한 결과는 인사관리에서 개인-직무 적합성(Person-Job Fit)의 중요성을 보여주는 것이다. 따라서 여성 근로자의 직장생활의 질 향상을 위해 상호 보완적 부합성(Complimentary Fit)의 관점에서 조직 내 불합리한 차별을 철폐하고 성장지원 프로그램을 운영하여 여성 근로자의 능력 및 역량 향상을 지원함으로써 담당직무가 요구하고 있는 KSA(Knowledge Skill, Ability)와의 정합성 수준을 지속적으로 높여나가야 할 것이다.

종합해서 살펴볼 때, 여성 근로자의 인식 수준 및 직장생활의 질 영향 요인 검증, 다양성 관리의 조절효과 검증 등 전반에 걸쳐 공공조직과 민간조직 간의 차이가 발견되었기 때문에 여성 근로자의 직장생활의 질 향상 방안을 수립하는 데 있어 공공조직과 민간조직 간의 차별적 접근이 필요함을 확인할 수 있었다. 민간조직과 공공조직의 상이한 조직문화와 업무 성격, 업무 동기 등으로 인하여 이러한 차이가 유발되었다고 생각되며, 이는 향후 전략적 인적자원관리 관점에서도 매우 중요한 의미를 갖는다고 하겠다. 다만 민간조직과 공공조직 모두 여성 근로자의 직장생활의 질 선행요인 검증에 있어 직무 특성인 직무 만족도 변수의 상대적 영향력이 가장 큰 것으로 확인되었고, 다양성 관리가 조절요인으로 투입될 경우도 마찬가지로 직무 특성인 개인-직무 적합성과 직장생활의 질 간의 관계가 강화되는 것을 확인할 수 있었다. 이에 여성 근로자의 직장생활의 질 향상을 위해 우선적으로 직무 설계 및 보직관리에 있어 여성 근로자의 교육 및 기술 수준 등 역량 수준에 대한 분석이 선행되어야 하며, 역량 분석에 근거한 직무 배치가 이루어져야 할 것이다. 이러한 노력을 통해 여성 근로자 개인이 직무 수행 과정에서 긍정적 경험을 축적해 나갈 수 있도록 지원함으로써 궁극적으로 개인-직무 적합성 및 직무 만족도 향상을 통한 직장생활의 질 향상을 기대할 수 있을 것이다. 또한 여성 친화형 직무 분석 및 개발을 통해 일과 삶 균형의 가치를 구현할 수 있는 조직구조 설계와 조직문화 확대 방안을 수립할 필요가 있다.

이와 더불어 공공조직의 경우 심리 특성 중 우울감이, 민간조직의 경우 심리 특성 중 스트레스가 직장생활의 질을 저해하는 요인으로 확인된바 여성 근로자들의 부정적 심리 상태를 완화할 수 있도록 멘토링 및 코칭 프로그램의 운영, 갈등관리 센터의 상시 운영, 내부고발 시스템 및 상담 시스템의 구축 등 조직적 차원의 지원이 지속적으로 이루어져야 할 것이다. 특히 갈등관리적 관점에서 상황별 적절한 갈등관리 방식을 탐색하여 협력적(Collaborating) 방식 및 타협적(Compromising) 방식 등 여성 맞춤형 갈등관리 방식의 적용이 필요하다고 생각된다. 다양한 대안을 바탕으로 객관적 기준에 근거하여 상호 이익에 초점을 맞추어 나가는 건설적이고 사람 중심적인 갈등관리 원칙을 통해 여성 근로자들이 당면하고 있는 부정적 심리 상태를 긍정적으로 변화시켜 나가야 할 것이다(박성민·김선아, 2015).

또한 여성 근로자 대상의 다양성 관리 전략 수립에 있어 인사관리에서의 차별 철폐 수준 즉 소극적 다양성 관리 활동은, 공공조직의 경우 직무 특성인 직무 적합성과 직무 만족도, 전이 특성 중 부정적 전이와 직장생활의 질 간의 관계를 강화하는 요인임이 확인되었고, 민간조직의 경우 직무 특성 중 직무 적합성과 직장생활의 질 간의 관계를 강화하는 요인임이 확인되었다. 이처럼 채용, 교육·훈련, 승진 등의 인사관리 전반에 걸쳐 성차별을 완화하기 위한 소극적 다양성 관리 활동이 선행요인과 직장생활의 질 간의 긍정적 관계를 강화하는 중요 요인으로 발견된바 채용, 교육·훈련, 유지·활용, 평가·보상 등 인사관리 기능 전반에 걸쳐 성별 격차를 완화하기 위한 노력이 지속되어야 할 것이다. 공공조직의 경우 양성평등 채용목표제 등을 바탕으로 채용에서의 성차별은 해소된 상태이지만, 관리직 공무원 중 여성의 비율은 현저히 낮게 나타나고 있어 여전히 공직 사회에 '유리 천장'이 존재한다는 비판을 받고 있다. 이에 채용 이후 단계인 승진, 보직관리 등의 측면에서 차별을 해소하기 위한 제도적 보완을 지속해 나가야 할 것이다. 우리나라 공공조직의 특수성을 고려할 때, 여성 관리자 비율을 점진적으로 늘려가는 정책적 개입이 핵심적 대안이라 판단된다. 특히 채용에서 여성에 대한 배려정책이 제도화되어 있는 공공조직과 달리 민간조직의 경우 이러한 제도적 장치가 미비하기 때문에 민간조직은 채용을 포함한 인사관리 전반에 걸쳐 성별 격차를 해소하기 위한 적극적인 노력을 전개해 나가야 할 것이다. 다양성 관리 부분에서의 소극적·제도적 접근과 적극적·관리적 접근을 적절히 혼합해 각 조직 영역에 맞게 정책화하여 적용하는 것이 한국형 차별 해소 정책의 실효성을 높이는 데 유용할 것이라 판단된다.

뿐만 아니라 일과 삶 균형정책의 적극적 구현, 즉 적극적 다양성 관리 활동 중에서는 공공조직과 민간조직 모두에서 친가족제도가 직장생활의 질을 향상시키는 요인임이 확인되었고, 공공조직의 경우 개인성장지원제도가 직무 적합성과 직장생활의 질 간의 긍정적 관계를 강화하는 요인임이 확인되었다. 이에 여성 근로자의 직장생활의 질 향상을 위해서는 일상생활의 영역에서 가족의 일원으로서 여성 근로자들이 자신에게 기대되는 역할을 충실히 수행해 나갈 수 있도록 가족생활을 지원하는 다양한 제도를 구축해 나가야 할 것이며, 제도 개선 노력과 함께 이러한 제도가 조직 내에 성공적으로 정착될 수 있도록 문화적 노력이 함께 이루어져야 할 것이다. 또한 공공조직에서는 일과 삶 균형정책 설계에 있어 친가족제도와 더불어 여성 근로자 개인의 신체적·정신적 성장과 자아실현을 지원할 수 있는 개인성장지원제도의 고도화 작업도 함께 이루어져야 할 것이다.

→ ③: 분석 결과를 구체적으로 기술함
    이때, 결과에 대한 단순 나열에 그치지 않고 연구자의 시각으로 해석함
    또한 각각의 분석 결과를 바탕으로 정책적 함의를 함께 제시함

④ 본 연구는 관리적 차원에서 차이를 갖고 있는 공공조직 여성 근로자와 민간조직 여성 근로자를 구분하여 분석을 진행하였고, 여성 근로자의 직장생활의 질 향상 방안을 논의하는 데 있어 심리 특성, 직무 특성, 전이 특성 등 성별 보편성의 관점에서 다양한 선행요인을 담아냈으며, 성별 특수성의 관점에서 여성 근로자의 직장생활의 질 결정에 있어 다양성 관리 전략의 역할을 규명했다는 측면에서 학문적 의의를 살펴볼 수 있다. ⑤ 그러나 본 연구가 지니는 이러한 의의에도 불구하고 향후 연구에서는 연구 내용 및 방법 측면에서 다음과 같은 보완이 필요할 것이라 판단된다. 먼저 연구 내용 측면에서 본 연구는 2차 자료를 활용했기 때문에 직장생활의 질 영향 요인을 규명하는 데 있어 심리 특성, 직무 특성, 전이 특성 이외의 추가적인 요인을 담아내지 못했다. 따라서 향후 연구에서는 조직의 문화적 특성, 조직 내 구성원들 간의 관계적 특성, 사회자본 등 직장생활의 질에 영향을 미치는 조직관리 및 맥락 변수들을 추가적으로 고려해야 할 것이다. 특히 조절요인인 다양성 관리를 측정하는 데 있어 적극적 다양성 관리의 경우 직장에서 관련 인사제도의 제공 여부 및 혜택 여부로 측정하였으나, 소극적 다양성 관리의 경우 여성 채용할당제, 관리자 임용목표제 등 관련 인사제도를 직접적으로 측정한 것이 아니라 직장에서 채용, 교육·훈련, 평가·보상 등의 인사관리 전반에 차별이 존재하는 정도를 간접적으로 측정했으므로 향후 연구에서는 제도적 관점에서 소극적 다양성 관리를 더욱 정교하게 측정할 수 있도록 방법론적 보완이 이루어져야 할 것이다. 또한 조직 효과성 향상에 있어 직장생활의 질과 더불어 일상생활의 질 역시 중요한 요소로 제시되고 있는바, 여성 근로자의 삶의 질의 맥락에서 직장생활의 질과 일상생활의 질을 통합적으로 고찰하고자 하는 노력이 이루어져야 할 것이다. 더불어 연구 방법 측면에서 본 연구는 양적 연구 방법론만을 활용하여 보다 깊이 있는 내용을 담아내지 못했다. 향후 연구에서는 추가적으

로 질적 연구(Focus Group Interview, In-Depth Qualitative Studies, etc.)와 준실험 연구(Quasi-Experimental Designs) 방법론 등을 병행하여 더욱 심도 있는 논의가 이루어질 수 있도록 해야 할 것이다.

→ ④: 연구의 이론적 함의를 제시함
→ ⑤: 본 연구의 한계를 내용적 측면과 방법론적 측면으로 구분하여 제시하고, 해당 한계를 극복하기 위한 후속 연구 방향을 논의하고 있음

자료: 여성연구 97(2)에 게재된 김선아·박성민(2018)의 연구논문 내용 일부 발췌

연구논문 사례 3 (김선아 & 박성민, 2017)

연구 제목
– 인사혁신 전략 수립의 유형화와 최적화에 관한 탐색적 연구: 중앙행정기관을 중심으로

연구 질문
– 정부 인사혁신에 있어 조직 특성을 반영하기 위한 적정 수준의 분류 기준은 무엇인가?
– 적정 분류 기준에 따른 중앙행정기관 유형별 최적화된 인사혁신 전략은 무엇인가?

V. 결론

① 본 연구에서는 인사혁신을 추진함에 있어 중앙행정기관의 조직 특성을 반영한 최적화된 인사혁신 전략을 제시하기 위해 정부의 전략적 인사혁신 목표에 대한 중요도 인식에 차이를 유발하는 다양한 조직 특성을 핵심 기준요인으로 범주화하고, 해당 기준요인을 토대로 중앙행정기관을 유사 속성에 따라 유형화하였다. 이러한 기준요인을 도출하고 분석 결과를 해석함에 있어 본 연구에서는 중앙행정기관의 조직 특성별로 인사혁신 가치의 보편성과 특수성을 탐색한 김선아·박성민(2017)의 연구를 분석의 준거로 활용하였다. 구체적으로 본 연구에서는 정부 통계 자료 및 중앙행정기관 인사담당자 대상의 설문조사를 바탕으로 조직 특성에 관한 자료를 수집하였고, 상관관계 분석 및 탐색적 요인 분석을 바탕으로 전략적 인사혁신 목표의 중요도 인식에 있어 차이를 유발하는 조직의 예산 규모, 현원 규모, 특정직 비율, 업무의 일반성 수준, 전문성 수준, 전략성 수준, 정책의 집행 기능, 정책의 기획 기능 등 8개 조직 특성을 조직 규모(업무의 일반성 수준, 정책의 집행 기능), 일반행정가적 업무 및 정책 특성(업무의 일반성 수준, 정책의 집행 기능), 전문행정가적 업무 및 정책 특성(특정직 비율, 업무의 전문성 수준, 업무의 전략성 수준, 정책의 기획 기능) 등 3개의 핵심 기준요인으로 범주화하였다. 그 후 조직 규모, 일반행정가적 업무 및 정책 특성, 전문행정가적 업무 및 정책 특성 등 3개 핵심 기준요인을 바탕으로 44개 중앙행정기관을 8개 유사 그룹으로 유형화하였다.

→ ①: 연구 목적 및 연구 내용을 요약하여 제시함

② 앞서 선행연구 검토에서 살펴본 바와 같이 본 연구에서 분석의 준

거로 활용한 김선아·박성민(2017)의 연구 내용을 바탕으로 첫 번째 핵심 기준요인으로 예산 규모와 현원 규모 등을 포함하는 〈조직 규모〉의 경우 소규모 조직에서는 제도혁신 기반 조성 단계의 '전략성'을, 중규모 조직에서는 문화혁신 기반 조성 단계의 '사회자본'을 최우선 가치로 강조해야 함을 알 수 있었고, 두 번째 핵심 기준요인으로 업무의 일반성 수준과 정책의 집행 기능 등을 포함하는 〈일반행정가적 업무 및 정책 특성〉의 경우 높은 조직에서 제도혁신 체계화 단계 중 유지·활용 부문의 '내적 개방성', 문화혁신 기반 조성 단계의 '사회자본'을 최우선 가치로 강조해야 함을 알 수 있었다. 마지막 세 번째 핵심 기준요인으로 특정직 비율, 업무의 전문성 수준, 업무의 전략성 수준, 정책의 기획 기능 등을 포함하는 〈전문행정가적 업무 및 정책 특성〉의 경우 낮은 조직에서는 제도혁신 기반 조성 단계의 '전략성'과 '체계성'을, 높은 조직에서는 제도혁신 체계화 단계 중 교육·훈련 부문의 '양적 우수성', 사람혁신 기반 조성 단계의 '공공성', 문화혁신 체계화 단계의 '부정적 공직문화 철폐'와 '긍정적 공직문화 구축'을 최우선 가치로 강조해야 함을 알 수 있었다. 이와 더불어 〈일반행정가적 업무 및 정책 특성〉과 〈전문행정가적 업무 및 정책 특성〉 수준이 각각 중간 정도로 동일한 경우 제도혁신 체계화 단계 중 모집·선발의 '외적 개방성', 사람혁신 기반 조성 단계의 '공공성', 문화혁신 체계화 단계의 '부정적 공직문화 철폐'를 최우선 가치로 강조해야 함을 알 수 있었다. ③ 해당 연구 결과를 본 연구에서 시행한 클러스터 분석을 통해 도출한 8개 조직 유형에 적용하여 각 유형별 최적화된 인사혁신 전략을 제안하면 다음과 같다.

→ ②: 분석 결과를 구체적으로 기술함
→ ③: 분석 결과를 바탕으로 정책적 함의를 제시함

먼저 대규모 조직으로 분류된 Cluster 2, Cluster 3, Cluster 5 중

Cluster 2는 대규모에 일반행정가적 업무 및 정책 특성은 낮으며 전문행정가적 업무 및 정책 특성은 중간인 조직이기 때문에, 인사혁신을 추진하는 데 있어 차별성을 요구하는 조직 특성을 갖고 있는 않으므로 제도혁신, 사람혁신, 문화혁신을 조화롭게 추구해 나가야 할 것이다. 그리고 Cluster 3은 대규모에 일반행정가적 역량과 전문행정가적 역량 요구 수준이 모두 중간인 조직이기 때문에, 인사혁신을 추진하는 데 있어 제도혁신 체계화 단계 중 모집·선발 부문의 '외적 개방성', 사람혁신 기반 조성 단계의 '공공성', 문화혁신 체계화 단계의 '부정적 공직문화 철폐' 등을 최우선 전략 가치로 강조할 필요가 있다. 또한 Cluster 5는 대규모에 일반행정가적 업무 및 정책 특성은 낮으며 전문행정가적 업무 및 정책 특성은 높은 조직이기 때문에, 인사혁신을 추진하는 데 있어 제도혁신 체계화 단계 중 교육·훈련 부문의 '양적 우수성', 사람혁신 기반 조성 단계의 '공공성', 문화혁신 체계화 단계의 '부정적 공직문화 철폐'와 '긍정적 공직문화 구축' 등을 최우선 전략 가치로 강조할 필요가 있다. 정책적 관점에서 볼 때, Cluster 3에 해당하는 국방부, 행정안전부, 국토교통부 등의 중앙행정기관들은 외적 개방성 확보를 위한 인사혁신 정책으로 민간경력자 일괄 채용률 및 공모직위 외부 임용률을 높여 나가고 민간조직 및 비영리조직과의 인적자원 교류도 보다 활성화시켜 나가야 할 필요가 있다고 보이며, Cluster 5에 해당하는 기획재정부, 통일부, 국세청, 통계청 등의 중앙행정기관은 교육훈련 프로그램의 구성 및 방법 측면의 다양성 확보를 통해 전문행정가적 역량 강화에 기여할 수 있도록 해야 할 것이다. 더불어 Cluster 3과 Cluster 5에 해당하는 조직 모두 공공성 확보를 위한 인사혁신 정책으로 기관의 특성을 반영한 공직교육 프로그램 운영 및 공공 가치 내재화를 위한 다양한 인센티브 제공 등이 필요하며 장기적 관점에서 조직의 문화혁신에 대한 노력이 병행되어야 할 것이다.

다음으로 중규모 조직으로 분류된 Cluster 1, Cluster 6, Cluster

7 중 Cluster 1은 중규모에 일반행정가적 업무 및 정책 특성은 중간이며 전문행정가적 업무 및 정책 특성은 높은 조직이기 때문에, 인사혁신을 추진하는 데 있어 제도혁신 체계화 단계 중 교육·훈련 부문의 '양적 우수성', 사람혁신 기반 조성 단계의 '공공성', 문화혁신 기반 조성 단계의 '사회자본', 문화혁신 체계화 단계의 '부정적 공직문화 철폐'와 '긍정적 공직문화 구축' 등을 최우선 전략 가치로 강조할 필요가 있다. 그리고 Cluster 6은 중규모에 일반행정가적 업무 및 정책 특성과 전문행정가적 업무 및 정책 특성이 모두 높은 조직이기 때문에, 인사혁신을 추진하는 데 있어 제도혁신 체계화 단계 중 교육·훈련 부문의 '양적 우수성'과 유지·활용 부문의 '내적 개방성', 사람혁신 기반 조성 단계의 '공공성', 문화혁신 기반 조성 단계의 '사회자본', 문화혁신 체계화 단계의 '부정적 공직문화 철폐'와 '긍정적 공직문화 구축' 등을 최우선 전략 가치로 강조할 필요가 있다. 또한 Cluster 7은 중규모에 일반행정가적 업무 및 정책 특성과 전문행정가적 업무 및 정책 특성이 모두 낮은 조직이기 때문에, 인사혁신을 추진하는 데 있어 제도혁신 기반 조성 단계의 '전략성'과 '체계성', 문화혁신 기반 조성 단계의 '사회자본' 등을 최우선 전략 가치로 강조할 필요가 있다. 정책적 관점에서 볼 때, Cluster 1에 해당하는 외교부, 병무청, 기상청 등의 중앙행정기관들은 인적자원개발체계의 양적 우수성 제고를 위해 현장 훈련(OJT)과 온라인 훈련 프로그램 운영의 효과성을 강조하고 상시학습 이수비율을 더욱 높여가는 인사혁신정책을 적극적으로 제시할 필요가 있으며, Cluster 7에 해당하는 조직은 전략적·과학적 인적자원관리체계 구축 노력을 지속할 필요가 있다고 보인다. 특히 Cluster 1과 Cluster 6에 속하는 중앙행정기관은 공직문화 혁신에 초점을 맞추어 권위주의, 복지부동, 무사안일 등 부정적 공직문화의 적폐 현상들을 해소해 나감과 동시에, 신공공관리론의 가치들(즉 능률성, 효율성, 경쟁성, 전문성 등)과 후기 신공공관리론의 가치들(즉 형평성, 인본주의, 민주성, 책임

성 등)에 기반한 긍정적 공직문화 공유와 확산에 보다 집중할 필요가 있다. 더불어 중규모 조직인 Cluster 1, Cluster 6, Cluster 7 모두 사회자본 확충을 위한 정책의 일환으로 기관 내 비공식적 조직에 대한 지원 체계의 구축과 효과적인 조직 내 갈등관리 교육 프로그램 제공 및 직무 스트레스 감소를 위한 체계적인 멘토링 시스템 구축 등이 필요하다고 생각된다.

마지막으로, 소규모 조직으로 분류된 Cluster 4와 Cluster 8 중 Cluster 4는 소규모에 일반행정가적 업무 및 정책 특성은 중간이며 전문행정가적 업무 및 정책 특성은 낮은 조직이기 때문에, 인사혁신을 추진하는 데 있어 제도혁신 기반 조성 단계의 '전략성'과 '체계성' 등을 최우선 전략 가치로 강조할 필요가 있다. 그리고 Cluster 8은 소규모에 일반행정가적 업무 및 정책 특성은 높으며 전문행정가적 업무 및 정책 특성은 낮은 조직이기 때문에, 제도혁신 기반 조성 단계의 '전략성'과 '체계성', 제도혁신 체계화 단계 중 유지·활용 부문의 '내적 개방성', 문화혁신 기반 조성 단계의 '사회자본' 등을 최우선 전략 가치로 강조할 필요가 있다. 정책적 관점에서 볼 때, 소규모 조직으로 분류된 Cluster 4와 Cluster 8에 해당하는 중앙행정기관은 무엇보다 전략성 제고를 위해서 조직의 중장기 전략 수립 과정에 인사관리 전문가들의 적극적이고 공식적인 참여가 필요하다고 보이며, 정기적인 인력수급 계획 수립 및 중장기 인사혁신계획 수립도 요구된다. 또한 체계성 확보를 위해 인사혁신 전담 조직 설치와 함께 정기적인 직무기술서 및 직무명세서 갱신과 적극적인 활용이 필요하다고 생각된다. 더불어 조직 내 신뢰 및 협력을 강화하기 위해 다양한 제도적 노력이 이루어져야 할 것으로 생각된다.

④ 본 연구는 정부 인사관리 및 인사혁신에 있어 정합성과 유연성의 조화의 시각에서, 인사관리 활동 및 인사혁신 활동에서 고려해야 하는 조직 특성의 적정 범주 및 기준을 제시하고 이를 바탕으로 조직 특성을

반영한 최적화된 인사혁신 전략을 논의했다는 측면에서 학문적·실무적 의의를 찾아볼 수 있다. ⑤ 본 연구가 제시한 조직 유형별 인사혁신 전략에 관한 논의는 향후 정부의 인사혁신 과제를 설계하는 데 있어 통찰력을 제시하고 인사혁신 활동의 적실성을 향상시키는 데 있어 중요한 역할을 할 수 있을 것이라 기대된다. 그러나 이러한 의의에도 불구하고 ⑥ 본 연구는 다음의 두 가지 측면에서 한계를 가지므로 향후 연구에서는 이에 대한 보완이 필요하다고 생각된다. 첫째, 본 연구는 조직 특성을 파악하는 데 있어 중앙행정기관이 발행하는 기초 통계 자료와 각 기관 인사담당자의 인식조사 자료에 의존했다는 측면에서 분명한 한계를 갖는다. 이를 보완하기 위해 본 연구에서는 5인의 학계 전문가로부터 연구 과정 및 연구 결과에 대한 검토를 거쳤으며, 5인의 전문가는 해당 연구가 갖는 내용적 참신성 등을 포함하는 학문적 중요성에는 동의하지만 연구의 일반화 가능성 등을 포함하는 실무적 중요성을 확보하기 위해 방법론적 차원에서 보완이 이루어진 후속 연구가 진행되어야 함을 지적하였다. 정량적 차원에서는 조직의 특성을 파악할 수 있는 객관화된 지표를 바탕으로 다양한 자료를 확보해 나가야 할 것이며, 정석적 차원에서는 본 연구에서 조직 내 인사담당자로 한정한 인식조사의 대상 범위를 확대할 필요가 있다. 더불어 인식조사의 측정 항목 구성에 있어서 현재 특성별로 1~2개 문항으로 구성된 질문 문항을 다양화하고, 문항 구성의 정교화 작업을 진행해야 할 것이다. 특히 업무 특성으로 제시된 업무의 일반성 및 전문성 수준의 경우 타 중앙행정기관이나 민간조직과의 비교 등 다양한 측면에서의 비교 문항으로 구성되어야 할 것이다. 둘째, 본 연구는 단일 시점에 우리나라만을 대상으로 연구를 진행하였다. 향후 연구에서는 연구의 일반화 가능성 향상을 위해 비교행정학적 관점에서 연구의 시간적 범위 및 공간적 범위를 확대해 나가야 할 것이다.

→ ④: 연구의 학술적 의의를 제시함

→ ⑤: 연구의 기대효과를 제시함

→ ⑥: 본 연구의 한계 및 해당 한계를 극복하기 위한 후속 연구 방향을 논의함

자료: 국정관리연구 12(4)에 게재된 김선아·박성민(2017)의 연구논문 내용 일부 발췌

Epilogue

영어 논문 작성을 위한
Essential Tips

최근 인문사회과학 분야에서 해외학회 및 해외 심포지움, 콜로키움에서의 연구논문 발표가 많아지고 해외저명 학술저널 투고에 인문사회과학 연구자들의 관심이 매우 커지는 추세이다. 이에 에필로그에서는 해외학술저널에 투고하고자 하는 국내외 연구자들을 위해 앞서 논의한내용을 토대로 ① Abstract, ② Introduction, ③ Literature Review, ④ Methods, Results, and Discussions, ⑤ Research Ethics, Plagiarism, and Reference로 구분하여 '영문논문 작성을 위한 Essential Tips'을 소개한다.

① Abstract

- APA Publication Manual (2010) indicates that the abstract can be the most important single paragraph in the study.
- One of the best ways to get started on your journal article is to write an abstract—something that describes your article's topic and argument.

- An abstract is a condensed version of your article, a distillation of the most important information.

- It needs to be accurate, nonevaluative (by adding comments beyond the scope of the research), coherent, readable, and concise.

- An abstract is no more than one page, others 250 words, and so on. Its length varies (e.g., 250). The APA guidelines say that most abstracts are from 150 to 250 words.

- An abstract is a brief summary of the content of a study, and it allows readers to quickly survey the essential elements of a project.

Major Components of an Abstract

- Start with the issue or problem leading to a need for the research.
  - Real life problem
  - Deficiency in the literature—such as a gap, a need to extend a topic, or to resolve differences among research studies.
- Indicate the purpose of the study. Use the word purpose...
- State the data will be collected to address this purpose.
  - Type of data, The participants, Where the data will be collected, etc.
- Indicate themes or statistical results that will likely arise in your study.
- Mention the practical implications of the study.
- Additional Notes:
  - Include as many relevant keywords as possible, since many search engines search by abstract and title alone
  - Include nothing in the abstract that you need the article to understand

SAMPLE ABSTRACT:

The issue that this study addresses is the lack of women in martial arts competitions [issue or problem]. To address this problem, the purpose of this study will be exploring motivation of female athletes in Tae Kwon Do competitions [purpose of the study]. To gather data, interviews with 4 female Tae Kwon Do tournament competitors were conducted [data]. The interviews were transcribed and analyzed. This data lead to the following 3 themes: social support, self-efficacy, and goal orientation [themes or statistical results]. These themes will be useful for understanding the optimal way to increase motivation in female martial artists [practical implications].

What to avoid in writing an abstract

- Don't just introduce your topic; that's what your introduction is for.

- Don't have an abstract that reads like a plan. It shouldn't include statements like "we hope to prove" or "this article tries to analyze" or "this study seeks to." These are okay in grant proposals or conference paper proposals but not in a research article. An article is a report on what you did do, not what you hope to do.

- Don't give a barrage of data without an argument or a conclusion; an abstract should tell (or at least hint at) a story.

- Don't include footnotes or citations (some journals allow exceptions, but this is the general rule).

- Don't include quotations; paraphrase instead.

- Don't include abbreviations, symbols, or acronyms, instead spell out all terms (some journals allow exceptions, but this the general rule).

Writing a solid and brief abstract

- If you include one sentence on each, you have written a solid and brief abstract.

  • State why you embarked on the project—often some reference to a gap or debate in the literature or a persistent social problem.

  • State what your project/study was about, the topic of the article.

  • State how you did the project, your methodology.

  • State what you found through the project, your findings.

  • State what conclusions your draw from the project, your argument.

  • Some abstracts include recommendations, although this isn't necessary.

Sample Template in writing an Abstract:

✓ This research examines⋯
✓ The study is important because⋯
✓ Data for this study were gathered in the following ways(s)⋯
✓ The findings suggest that⋯
✓ The main conclusions from the study are⋯
✓ (If appropriate) the main recommendations arising from this report are⋯

---

② Introduction

● The introduction is the first passage in a journal article, dissertation, or scholarly research study. It sets the stage for the entire project.

● The introduction is the part of the paper that provides readers with the background information for the research reported in the paper. Its purpose is to establish a framework for the research, so that readers can understand how it is related to other research (Wilkinson, 1991, p. 96).

● The introduction establishes the issue or concern leading to the research by conveying information about a problem.

● The introduction needs to create reader interest in the topic, establish the problem that leads to the study, place the study in a larger context of the scholarly literature, and reach out to a specific audience.

Parts of an Introduction

- State the research problem
  • A research problem, is the problem or issue that leads to the need for a study. It can originate from many potential sources. It might spring from an experience researchers have had in their personal lives or workplaces.
  • It may come from an extensive debate that appeared in the literature. The literature may have gap that needs to be addressed, alternative views that should be resolved, or a branch of that needs to be studied.
  • Research problem might develop from policy debates in government or among top executives.
  • When the research problem is not clear, it is difficult to understand all other aspects of a research study, especially the significance of the research.
- Review studies that have addressed the problem
  • This literature review passage should summarize large groups of studies instead of individual ones.
  • The purpose of reviewing studies in an introduction is to justify the importance of the study and to create distinctions between past studies and

the proposed or extant study.

- Consider the following tips:

  : Refer to the literature by summarizing groups of studies, not individual ones—the intent should be to establish broad areas of research.

  : To deemphasize single studies, place the in-text references at the ends of a paragraph or at the end of a summary point about several studies.

  : Review studies that used quantitative, qualitative, or mixed approaches.

  : Find recent literatures (e.g., research studies published in the past 5 years).

- Deficiencies in past literature

  - Deficiencies in past literature may exist because topics not have been explored with a particular group, sample, or population; the literature may need to be replicated or repeated to see if the same findings hold, given new samples of new people or new sites for study; or the voices of underrepresented group have not been heard in published literature.

  - Some tips on identifying deficiencies in the past literature:

    : Cite several deficiencies to make the case even stronger for a study.

    : Identify specially the deficiencies of other studies (e.g., methodological flaws, variables overlooked).

    : Write about areas overlooked by past studies, including topics, special statistical treatments, significant implications, and so forth.

    : Discuss how a proposed study will remedy these deficiencies and provide a unique contribution to the scholarly literature.

- Significance of a study for audiences

  - In dissertations, writers often include a specific section describing the significance of the study for select audiences in order to convey the importance of the problem for different groups that may profit from reading and using the study.

- In designing this section, one might include the following:

  : Three or four reasons that the study adds to the scholarly research and literature in the field.

  : Three or four reasons about how the study helps improve practice.

  : Three or four reasons as to why the study will improve policy or decision making.

- State the purpose statement

  • The purpose statement establishes the intent of the entire research study. It is the most important statement in the entire study, and needs to be clear, specific, and informative.

  • From it, all other aspects of the research follow, and readers will be lost unless it is carefully drafted.

  • The purpose statement indicates why you want to do the study and what you intend to accomplish. It is different to that of a research problem and research questions:

    : The purpose statement sets forth the intent of the study, not the problem or issue leading to a need for the study.

    : It is also not the research questions—those questions that the data collection will attempt to answer. Instead and again, purpose statement sets the objectives, the intent, or the major idea of a proposal or a study.

Purpose Statements

- The design of a quantitative purpose statements includes the variables in the study and their relationships, the participants, and the research site. It also includes languages associated with quantitative research and the deductive testing of relationships or theories.
- A good qualitative purpose statements contain information about the central phenomenon explored in the study, the participants in the study, and the research site.
- Mixed methods purpose statements contains the overall intent of the study, information about quantitative and qualitative strands of the study, and a rationale of incorporating both strands to study the research problem.

A Quntitative Purpose Statements

- Basic design features for writing this statement:
  - Include words to signal the major intent of the study such as purpose, intent, or objective: Start with "The purpose (or intent or objective) of this study is (was) (will be)..."
  - Identify the theory, model, or conceptual framework.
  - Use words that connect the independent and dependent variables to indicate that the theory are related, such as "the relationship between" two or more variables or a "comparison of" two or more groups.
  - Position or order the variables from left to right I the purpose statement—with the independent variables followed the dependent variable.

- Mention the specific type of strategy of inquiry (such as survey or experimental research) used in the study.
- Make reference to the participants (or the unit of analysis) in the study, and mention the research site.
- Generally, define each key variable, preferably using set and accepted established definitions found in the literature.

A SCRIPT in drafting a complete purpose statement:

The purpose of this_____(experiment? Survey?) study is (was? will be?) to test the theory of _____ that _____(describes outcomes) or (compares? relates?) the _____(independent variable) to _____(dependent variable) controlling _____(control variables) for _____(the participants) at _____(research site). The independent variables(s) _____will be defined as _____ (provide a definition). The dependent variable(s) will be defined as _____ provide a definition), and control and intervening variable(s)_____, identify the control and intervening variables) will be defined as _____(provide definition).

- Include words to signal the major intent of the study such as purpose, intent, or objective: Start with "The purpose (or intent or objective) of this study is (was) (will be)..."
- Identify the theory, model, or conceptual framework.
- Use words that connect the independent and dependent variables to indicate that the theory are related, such as "the relationship between" two or more variables or a "comparison of" two or more groups.
- Position or order the variables from left to right I the purpose statement—with the independent variables followed the dependent variable.
- Mention the specific type of strategy of inquiry (such as survey or experimental

research) used in the study.

- Make reference to the participants (or the unit of analysis) in the study, and mention the research site.

- Generally, define each key variable, preferably using set and accepted established definitions found in the literature.

- Use words such as purpose, intent, or objective to signal attention to this statement as the central controlling idea. Set the statement off as a separate sentence or paragraph, and use the language of research, such as "The purpose of this study is…"

- Focus on a single phenomenon. Narrow the study to one idea to be explored or understood. Plus, provide a general working definition of the central phenomenon or idea, especially if the phenomenon is a term that is not typically understood by a broad audience.

- Use action verbs to convey how learning will take place. Action verbs and phrases, such as, understand, develop, explore, examine the meaning of, or discover, keep the inquiry open and convey an emerging design.

- Include words denoting the strategy of inquiry to be used in data collection, analysis, and the process of research, such as whether the study will use an ethnographic, grounded theory, case study, phenomenological, narrative approach, or some other strategy.

- Mention the participants in the study, such as one or more individuals, as a group of people or an entire organization and identify the site for the research, such as homes, classrooms, organizations, programs, or events. Include some language that delimits the scope of participants or research sites in the study.

vs. Quantitative Research Questions

- Quantitative research questions inquire about the relationships among variables that the investigator seeks to know. They are frequently used in social science research and especially in survey studies.

  • The use of variables in research questions or hypotheses is typically limited to three basic approaches: To compare, relate, and describe.

  • The most rigorous form of quantitative research follows from a test of a theory and the specification of research questions or hypotheses that logically follow from the relationship among variables in the theory.

  • The independent and dependent variables must be measured separately and not measured on the same concept.

- To eliminate redundancy, write only research questions of hypotheses - not both - unless the hypotheses build on the research questions.
- If hypotheses are used, there are two forms: (a) null and (b) alternative.

- In a qualitative study, inquirers state research questions, not objectives (e., specific goals for the research) or hypotheses (i.e., predictions that involve variables and statistical tests). These research questions assume two forms: (a) a central question and (b) associated sub-questions.

- Ask one or two central research questions.
- Ask no more than five to seven sub-questions in addition to your central questions.
- Relate the central question to the specific qualitative strategy of inquiry.
- Begin the research questions with the words what or how to convey on open and emerging design.
- Focus on a single phenomenon or concept.
- Use these more exploratory verbs as non-directional rather than directional words that suggest quantitative research, such as affect, influence, impact, determine, cause, and relate.
- Use exploratory verbs that convey the language of emerging design. These verbs tell the reader that the study will do the following:
  : Report (or reflect) the stories (e.g., narrative research)
  : Describe the essence of the experience (e.g., phenomenology)
  : Discover (e.g., grounded theory)
  : Seek to understand 9e.g., ethnography)
  : Explore a process (e.g., case study.

- Expect the research questions to evolve and change during the study in a manner consistent with the assumptions of an emerging design.

- Use open-ended questions without reference to the literature or theory unless otherwise indicated by a qualitative strategy of inquiry.

- Specify the participants and the research site for the study if the information has not yet been given.

A Mixed-method Public Statement

- Basic design features for writing this statement:

  - Begin with words that signal intent, such as "The purpose (or intent or objective) of this study is (was) (will be)…"

  - Indicate the overall purpose of the study from a content perspective, such as "The intent is to learn about the organizational effectiveness" or "The intent is to examine families with stepchildren".

  - Indicate the type of mixed methods design, such as exploratory sequential design, or an embedded sequential design, or transformational or multiphase, or others.

  - Discuss the reasons for combining both quantitative and qualitative data.

> ### A SCRIPT in drafting a complete purpose statement:
>
> This study will address _____[content aim]. An explanatory sequential mixed methods design will be used, and it will involve collecting quantitative data first and then explaining the quantitative results with in-depth qualitative data. In the first, quantitative phase of the study,_____[quantitative instrument] data will be collected from _____[participants] at _____ [research site] to test _____[name of theory] to assess whether _____[independent variables] relate to _____[dependent variables]. The second, qualitative phase will be conducted as a follow up to the quantitative results to help explain the results. In this exploratory follow-up, the tentative plan is to explore _____ [the central phenomenon] with _____[participants] at a _____ [research site].

③ Literature Review

- A literature is a "review" of "the literature" on a topic.

- In this case, "Review" usually means an overview summarizing major parts and bringing them together to build a picture of what's out there.

- "The Literature" means the major writings - especially scholarly writings - on the topic. It includes journal articles, books, published essays, government reports, and so on. The main thing is that "the literature" is the body of scholarly, professional information that is used by professionals and scholars working on that topic area.

- It shares with the reader the results of other studies that are closely related to the one being undertaken.

- It relates a study to the larger, ongoing dialogue in the literature, filling in gaps and extending prior studies.

- It provides a framework for establishing the importance of the study as well benchmark for comparing the results with other findings.

- Summary of major studies on the research problem.
- The Lit Rev is shorter—say 20 to 30 pages in length (it may also run from 20 to 60 pages or so).

Types of Scholarly Literature

- Original literature
    - If you are doing a qualitative studies, the original literature consists of the words of your subjects (e.g., interviews or focus group would be the primary source).
    - If you are analyzing government statistics, the government documents can be your primary sources.
- Derivative literature
    - These texts for the general public are based on secondary sources (and thus sometimes called "tertiary literature").
- Contextual literature
    - These texts have background information on your topic.
- Methodological literature
    - These texts attack or defend the methodology you are using.
- Theoretical literature
    - These texts supply with conceptual approaches to your topic. Scholars often read this category of literature long before writing any particular article.
- Related literature
    - These texts are the prior research on your exact topic.

Forms of Literature Review

- Integrates what others have done and said

- Criticize previous scholarly works

- Build bridges between related topics

- Identify the central issues in a field

What's your Entry Point?:

✓ You enter into the conversation by supporting an argument, debating an argument, or announcing that argument needs to be made.

✓ Entry points can be reduced to three traditional positions you can have regarding the previous research:
  • finding it inadequate or non-existent and filling the gap,
  • finding it sound and extending it, and
  • finding it unsound and correcting it.

Steps in Conducting Literature Review

- Begin by identifying key words, which is useful in locating materials in an academic library at a college or university.
  • With these key words in mind, go next to the library (or use your home computer) and begin searching the catalog for holdings (i.e., journals and books).
  • Initially, try to locate about 50 reports of research in articles or books related to research on your topic. Set a priority on the search for journal articles and books because they are easy to locate and obtain.
- Skim this initial group of articles or chapters, and duplicate those that are central to your topic.

- As you identify useful literature, begin designing a literature map—This is a visual picture (or figure) of groupings of the literature on the topic that illustrates how your particular study will contribute to the literature, positioning your study within the larger body of research.
- As you put together the literature map, also begin to draft summaries of the most relevant articles. Include precise references to the literature.
- After summarizing the literature, assemble the literature review, structuring it thematically or organizing it by important concepts.

Reading Related Literature

- Winnow your reading list. Some limiters that scholars use are to set aside those materials written:
  - sometime ago (e.g., read nothing written over ten years ago, or five or two).
  - in another language (e.g., read articles in English)
  - in questionable or non-recommended publishing outlets (e.g., don't read conference proceedings).
  - by certain kinds of authors (e.g., read well-known authors).
  - on a different geographical area (e.g., read articles on Korea not China/Japan).
  - on a different context (e.g., read articles on public sector not private sector).
  - on a different time period (e.g., read articles about the 20C not the 18C).
  - about different kinds of experiments (e.g., read quantitative studies not qualitative studies).
  - about different kinds of participants (e.g., read studies of civil servants not private sector employees).

- using different variables.
- without your keywords in title or abstract (e.g., read only those articles with your keyword).

Literature Map Example on:

Employees' concerns about the fairness of and the making of managerial decisions

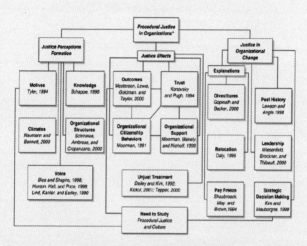

(from Janovec, 2001 cited in Creswell, 2018, p 37)

Abstracting Studies

- An abstract is a brief review of the literature (typically a short paragraph) that summarizes major elements to enable a reader to understand the basic features of the article.
- In abstracting a study might include the following:
  - Mention the problem being addressed.
  - State the central purpose or focus of the study.

- Briefly state information about the sample, population, or subjects.

- Review key results that relate to the proposed study.

- If it is a critique or methods review (Cooper, 2010), point out technical and methodological flaws in the study.

Example 1: Leterature Review Abstract in a Quantitative Study

Here follow a paragraph summarizing the major components of a quantitative study (Cresswell, Seagren, & Henry, 1979), much like the paragraph might appear in a review of the literature section of a dissertation or a journal article. In this passage, I have chosen key components to be abstracted.

Creswell and colleagues (1979) tested the Biglan model, a three-dimensional model clustering 36 academic areas into hard or soft, pure or applied, life of nonlife areas, as a predictor of chairpersons' professional development needs. Eightry department chairpersons located in four showed that chairpersons in different academic areas differed in terms of their professional development needs. Based on the findings, the authors recommended that those who develop inservice programs needed to consider deffernces among desciplines when they plan for programs.

Example 2: Leterature Review Abstract in a Study Advancing a Typology

Sudduth (1992) completed a quantitative dissertation in political science on the topic of the use of strategic adaptation in rural hospitals. He reviewed the literature in several chapter at the beginning of the studey. In an example of summarizing a single study advancing a typology, Sudduth summarized the problem, the theme. and the typology:

Ginter, Duncan, Richardson, and Swayne (1991) recognize the impact of the external environment on a hospital's ability to adapt to change. They advocate a process that they call environment analysis, which allows the organization to strategically determine the best responses to change occurring in the environment. However, after examining the multiple techniques used for environmental analysis, it appears that no comprehensive conceptual scheme or computer model has been developed to provide a complete analysis of environmental issues (Ginter er al., 1991). The result is an essential part of strategic change that relies heavily on a non-quantifiable and judgemental process of evaluation. To assist the hospital manager to carefully assess the external environment, Ginter et al. (1991) have developed the typology given in Figure 2.1 (p.44)

Quantitative orMixed-methods Literature Review

- Write a review of the literature that contains sections about the literature related to major independent variables, major dependent variables, and studies that relate the independent and dependent variables.
- Consider a literature review to be composed of five components:
  - An introduction,
  - Topic 1 (about the independent variable),
  - Topic 2 (about the dependent variable),
  - Topic 3, (studies that address both the independent and dependent variables), and
  - A summary. Here is more detail about each section:
- Introduce the review by telling the reader about the sections included in it. This passage is a statement about the organization of the section.
- Review Topic 1, which addresses the scholarly literature about the independent variables(IV). With several IVs, consider subsections or focus on the single most important variable. Remember to address only the literature about the IV; keep the literature about the independent and dependent variables separate in this model.
- Review Topic 2, which incorporates the scholarly literature about the dependent variables(DV). With multiple DVs, write subsections about each variable or focus on a single important one.
- Review Topic 3, which includes the scholarly literature that relates the IVs to the DVs. Here we are at the crux of the proposed study. Thus, this section should be relatively short and contain studies that are extremely close in topic to the proposed study. Perhaps nothing has been written on the topic.

Construct a section that is as close as possible to the topic or review studies that address the topic at a more general level.

- Provide a summary that highlights the most important studies, captures major themes, suggests why more research is needed on the topic, and advances how the proposed study will fill this need.

④ Methods, Results, and Discussions

The Method Section

- It describes in detail how study was conducted, including conceptual and operational definitions of the variables used in the study.
- A complete description of the methods used enables the reader to evaluate the appropriateness of your methods and the reliability of the validity of your results.
- If your study is an update of an ongoing or earlier study and the method has been published in detail elsewhere, you may refer the reader to that source and simply give a brief synopsis of the method in this section.

Some rules forwriting good method section

- Identify your methodology
- Describe your sample and sampling procedure. Who or what did you study? How did you pick your subjects? How many did you study? What were their characteristics? Are there any possible problems with your sample or

procedures (e.g., not random, no control group)?

- Describe your measurement instrument. What did you do to measure the findings (e.g., unstructured interview, closed questionnaire)? What did you measure? Who did the measuring? How long did you measure? Are there any possible problems with your instrument (e.g., observer effects, statistical problems)?

- Describe your research context. Where did you do the study. Which people and events were key? Are there any possible problems with your test setting (e.g., context effects)?

- Describe your variables. What are your independent variables? What are your dependent variables? What are your control variables?

- Write in the past tense.

- Don't give a statistics tutorial. Your aim is to describe the statistics you used, not to teach others how to do statistical analysis. Most statistical methods can be described very briefly. It's try that you may need to defend some statistical approaches, but that can usually de done quickly with citations to studies that defend those approaches.

- Don't mix in your results. This is one of the most frequent mistakes that researchers/students make. The methods section is for describing how you did the study, not what you found.

- Match methods' subheads to results' subheads.

- Check your journal's instructions. Some journals prefer the methods section to be written in particular way, that information is good to find out early.

- Identify subsections. It is both conventional and expedient to divide the Method section into labelled subsections. For example, (a) participant (subject) characteristics, (b) sampling procedures, (c) sample size, power, and precision, (d) measures and covariates, (e) research design, and (f) experimental manipulations or interventions.

Results and Discussion

- In the results or findings section, you describe what you found the quanti- or qualitative data you collected, and the new information you have to offer.

  • Be choosy. Any study has more results that can be presented in one arti- cle. Don't use the section as a data dump. Present only those results that relate to your argument.

  • Use tables and graphs. Information that is difficult to read in paragraph form becomes easily readable once in table. Just be sure to standardize ta- bles so they appear the same way throughout.

  • Use rich tables and graphs. The purpose of a table or graph is to represent information that would be difficult to grasp in prose. Thus, defeats the purpose if a table has only three or four bits of information. These bits could be more easily presented in the body of the text. Use a table only if the complexity of the data warrants it.

  • Design tables and graphs properly. Bad tables or graphs are worse than not at all.

  • Title tables properly. The title should describe the variables that appear in the table as well as the type of data that is being presented.

  • Organize your results around your argument. If you are asking whether identity is a function of variable A, B, or C, organize your results section around variable A-B-C.

• Write in past tense and Keep it short and concise.

Conclusion

- Definition

  • A brief and creative summary of reinterpretation of theories, hypotheses, methodology, and results.

  • Section that presents the theoretical and practical implications as well as the significance and contribution of the study.

  • Limitations of the present study and the direction of future

  • The Basic Structure and Features of the Conclusion and Discussion

  • C & D Intro

  • Research Implications

  • Implications for Management and Practice

  • Limitations and Suggestions for Future Research

Table: Descriptive Statistics

Variables	Mean	Std. Deviation	Minimum	Maximum	Skewness	Kurtosis
Independent Variables						
Information Quality	3.50	0.79	1.00	5.00	-0.45	-0.02
System Quality	3.57	0.88	1.00	5.00	-0.69	-0.01
Service Quality	3.61	0.87	1.00	5.00	-0.71	0.07
Mediating Variable						
Work Engagement	3.78	0.82	1.00	5.00	-0.71	0.00
Task Performance	3.83	0.80	1.00	5.00	-1.03	1.19
Dependent Variable						
Organizational Performance	3.49	0.80	1.44	5.00	-0.48	-0.37
Demographics						
Gender	1.37	0.48	1.00	2.00	0.53	-1.73
Age	2.75	0.87	1.00	5.00	0.47	-0.22
Work Experience	2.58	1.12	1.00	6.00	1.04	0.84
Position	2.08	0.72	1.00	4.00	-0.04	-0.90
Education	2.17	0.93	1.00	5.00	1.32	2.20
Location	1.82	1.01	1.00	4.00	1.18	0.28

→ In text, refer to every table.

Number tables in the order they are first mentioned in text. Do not write "the table above" or "the table below."

→ Double-space the entire table.

Italicize the table title.

Do not italicize the table number.

Table: Descriptive Statistics Among Study Variables

Variables	Valid N	Mean	Std. Deviation	Minimum	Maximum
Individual Controls					
Position (0 = member, 1 = manager)	356,084	0.79	.41	0	1
Gender (0 = female, 1 = male)	356,084	0.53	.50	0	1
Minority (0 = no, 1 = yes)	356,084	0.34	.47	0	1
Age	356,084	2.45	.99	1	4
Length of service	356,084	2.25	.76	1	3
Education	356,084	2.05	.81	1	3
Disability (0 = no, 1 = yes)	356,084	0.13	.34	0	1
Retirement	356,084	0.25	.43	0	1
Individual factors (Level 1)					
Telework satisfaction	166,834	4.15	.96	1	5
AWS satisfaction	132,142	4.41	.75	1	5
Reform values (Level 2)					
Strategy-oriented reform value	149	3.48	0.20	2.66	4.00
Performance-oriented reform value	149	2.87	0.20	2.20	3.69
Knowledge management-based reform value	149	3.50	0.20	2.81	4.07
Social Equity reform value	149	3.84	0.17	3.20	4.34
Outcome variables					
Job satisfaction	356,080	4.00	0.82	1	5
Turnover intention	354,139	0.28	0.45	0	1

→ If the table is from another source, include a note below the table specifying whether it is from another source or adapted from another source.

Table: Descriptive Statistics Among Study Variables

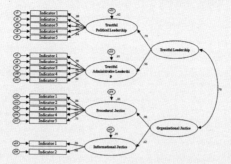

→ A figure is any type of illustration other than a table (chart, graph, photograph, or drawing). Number figures in the order they are first mentioned in text. Do not write "the figure above" or "the figure below."

Use Times New Romans at 12 fonts, double spaced, top and bottom margins at 3.8 cm, right and left margins at 3 cm, and header and footer at 1.5 cm.

Each new paragraph is indented ½ inch.

Block quotations—quotes longer than 40 words an additional ½ inch and have no quotations marks surrounding them.

Use double space throughout the paper.

Whistle-blowing is recognized as an important tool for preventing and detecting corruption and malpractice in governments. Disclosing organizational wrongdoings can salvage valuable resources, protect rights, lives, rule of law, and may prevent the recurrence of malfeasance in public services. In the U.S., whistle-blowing has subjected government officials to indictment and investigation due to unethical behavior. Moreover, CEOs have been convicted of systematic and institutionalized accounting fraud and conspiracy (Kaplan & Schultz 2007). → ↵

Corruption and organizational malpractice, if they persist in the public sector, may shatter people's trust and confidence in the government. Certainly, the willingness of organizational insiders to blow the whistle is the most effective deterrent to unethical organizational behavior (Near &Miceli 2008). In a 2010 survey of more than 40,000 federal employees, the Merit Systems Protection Board (MSPB) found that 11.1% had personally observed illegal or wasteful agency activities. MSPB states that, ↵

Internally, 33.4% reported the wrongdoing to their immediate supervisor, 19.9% reported it to a higher supervisor, and 8.6% reported it to a higher-level agency official. Externally, 7.8% reported the wrongdoing to an appropriate authority. (p. 87)↵

Most respondents reported the wrongdoing to their family, friends, or co-workers, while 35.0% did not report it. Less than half of those who witnessed wrongdoing reported it to the proper authorities. There are frequent calls to enhance organizational and societal mechanisms to encourage public-sector whistle-blowing. In the U.S., various laws guarantee protection and encourage potential whistle-blowers, such as the False Claims Act of 1863 and several more. In November 2012, the Whistleblower Protection Enhancement Act was passed into law. It guarantees the protection of federal workers who report government corruption and wrongdoing. However, whistle-blowers are often regarded as "disloyal" for exposing

Each citation is ordered alphabetically, by the author's or editor's last name—or title if author/editor is not evident

Right column references:

Ajzen, I. (1991). The theory of planned behavior. *Organizational Behavior and Human Decision Processes, 50*(2), 179-211.

Ambrose, M. L., Seabright, M. A., & Schminke, M. (2002). Sabotage in the workplace: The role of organizational justice. *Organizational Behavior and Human Decision Processes 89*(1), 947-965.

Arbuckle, J. (2005). *Amos 6.0 user's guide.* Marketing Department, SPSS Incorporated.

Bass, B. M., & Riggio, R. E. (2006). *Transformational leadership.* Mahwah, NJ: Lawrence Erlbaum. The title of the journal must be italicized.

Bhal, K. T., & Dadhich, A. (2011). Impact of ethical leadership and leader-member exchange on whistle-blowing: The moderating impact of the moral intensity of the issue. *Journal of Business Ethics 103*(3), 485-496.

Each entry is flush against the left-hand margin; subsequent lines for the same entry must employ a hanging indent of ½ inch.

Bottom, W. P., Holloway, J., Miller, G. J., Mislin, A., & Whitford, A. (2006). Building a pathway to cooperation: Negotiation and social exchange between principal and agent. *Administrative Science Quarterly 51*(1), 29-58. Use double space throughout the paper.

Brewer, G. A., & Coleman Selden, S. (1998). Whistle blowers in the federal civil service: New evidence of the public service ethic. *Journal of Public Administration Research and Theory 3*, 413-439.

Brewer, G. A., Ritz, A., & Vandenabeele, W. (2012). Introduction to a symposium on public service motivation: An international sampling of research. *International Journal of Public Administration 35*(1), 1-4.

⑤ Research Ethics, Plagiarism, and Reference

Ethical Consideration

When in the Process of Research the Ethical Issue Occurs	Type of Ethical Issue	How to Address the Issue
Prior to Conducting the Study	• Examine professional association standards. • Seek college/university approval on campus through an institutional review board (IRB). • Gain local permission from site and participants. • Select a site without a vested interest in outcome of study. • Negotiate authorship for publication.	• Consult the code of ethical for professional association in your area. • Submit proposal for IRB approval. • Identify and go through local approvals; find gatekeepers of key personnel to help • Select sites that will not raise power issues with researchers. • Give credit for work dome on the project; decide on author order in future publication.

Beginning the Study	• Identify a research problem that will benefit participants. • Disclose purpose of the study. • Do not pressure participants into signing consent form. • Respect norms and charters of indigenous societies. • Be sensitive to needs of vulnerable populations (e.g., children).	• Conduct a needs assessment or informal conversation with participants about their needs. • Contact participants, and inform them of the general purpose of the study. • Tell participants that they do not have to sign form. • Find out about cultural, religious, gender, and other differences that need to be respected. • Obtain appropriate consent (e.g., parents, as well as childer).
Collecting Data	• Respect the site, and disrupt as little as possible. • Make certain that all participants receive the same treatment. • Avoid deceiving participants. • Respect potential power imbalances and exploitation of participants (e.g., interviewing, observing) • Do not "use" participants by gathering data and leaving site. • Avoid collecting harmful information.	• Build trust, and convey extent of anticipated disruption in gaining access. • Put into place wait list provisions for treatment for controls. • Discuss purpose of the study and how data will be used. • Avoid leading questions. Withhold sharing personal impressions. Avoid disclosing sensitive information. Involve participants as collaborators. • Provide rewards for participating. • Stay to questions stated in an interview protocol.
Analyzing Data	• Avoid siding with participants (going native) • Avoid disclosing only positive results. • Respect the privacy and anonymity of participants.	• Report multiple perspectives. • Report contrary findings. • Assign fictitious names or aliases; develop composite profiles of participants.
Reporting Sharing, and Storing Data	• Avoid falsifying authorship, evidence, data, findings, and conclusions. • Do not plagiarize. • Avoid disclosing information that would harm participants. • Communicate in clear, straightforward, appropriate language. • Sharer data with others. • Keep raw data and other materials (e.g., details of procedures, instruments).	• Report honestly. • See APA (2010) guidelines for permissions needed to reprint of adopt work of others. • Use composite stories so that individuals cannot be identified. • Use unbiased language appropriate for audiences of the research. • Provide copies of report to participants and stakeholders. • Share results with other researchers. Consider website distribution. Consider publishing in different languages.

Reporting Sharing, and Storing Data	• Do not duplicate or piecemeal publications. • Provide complete proof of compliance with ethical issues and lack of conflict of interest, if requested. • State who owns the data from a study.	• Store data and materials for 5 tears (APA, 2010). • Refrain from using the same material for more than one publication. • Disclose funders for research. Disclose who will profit from the research. • Give credit for ownership to researcher, participants, and advisers.

Research Ethics

- Researchers need to anticipate the ethical issues that may arise during their studies.

- Researchers need to protect their research participants; develop a trust with them; promote the integrity of research; guard against misconduct and impropriety that might reflect on their organizations or institutions; and cope with new, challenging problems (Israel & Hay, 2006; as cited in Creswell, 2014, p. 92).

- When to Cite:

  • Cite the work of those individuals whose ideas, theories, or research have directly influenced your work (APA, 2009, p. 170).

    : Plagiarism: "Refers to the practice of claiming credit for the words, ideas, and concepts of others" (APA, 2009, p. 170).

    : Take careful notes as you research to keep track of your sources and cite them properly.

    : Self-Plagiarism: "Refers to the practice of presenting one's own previously published work as though it were new" (APA, 2009, p. 170).

  • Citation of an article implies that you have personally read the cited work.

Quoting and Paraphrasing

- Reproduce word for word material directly quoted from another author's work or from your own previously published work, material replicated from a test item, and verbatim instructions to participants.

- When quoting, always provide the author, year, and specific page citation or paragraph number for nonpaginated material in the text.

- If the quotation comprises fewer than 40 words, incorporate it into text and enclose the quotation with double quotation marks.

- When paraphrasing or referring to an idea contained in another work, you are encouraged to provide a page or paragraph number, especially when it would help an interested reader locate the relevant passage in along or complex text.

- If the quotation appears in mid sentence, end the passage with quotation marks, cite the source in parentheses immediately after the quotation marks, and continue the sentence. Use no other punctuation unless the meaning of the sentence requires such punctuation.

  • ⟨Example⟩ Korean bureaucracy, according to Kim (2010) has been consistently criticized for "its closeness, rigid structure and culture, lack of flexibility, and lack of global competitiveness" (p. 383).

- If the quotation appears at the end of the sentence, close the quoted passage with quotation marks, cite the source in parentheses immediately after the quotation marks, and end with a period or other punctuation outside the final parenthesis.

  • ⟨Example⟩ Korean bureaucracy has been consistently criticized for "its closeness, rigid structure and culture, lack of flexibility, and lack of global competitiveness" (Kim, 2010, p. 383).

- If the quotation comprises 40 or more words, display it in a freestanding block of text and omit the quotation marks. Start such block quotation on an new line and indent the block about a half inch from the left margin (in the same position as a new paragraph).

Example

According the MSPB's MPS (U.S. Merit Systems Protection Board, 2007) results,

Less than two-thirds of supervisors said that they received   training, almost half (48 percent) received one week or less. Overall, more than three-quarters of new supervisors did not receive training.

Citing References in Text

Type of Citation	First citation in text	Subsequent citations in Text	Parenthetical format, first citation in text	Parenthetical format, subsequent citations in text
One work by one Author	Walker (2007)	Walker (2007)	(Walker, 2007)	(Walker, 2007)
One work by two Authors	Walker and Allen (2004)	Walker and Allen (2004)	(Walker & Allen, 2007)	(Walker & Allen, 2007)
One work by three Authors	Bradley, Ramirez, and Soo (1999)	Bradley et al. (1999)	(Bradley, Ramirez, & Soo, 1999)	(Bradley et al., 1999)
One work by four Authors	Bradley, Ramirez, Soo, and Walsh (2006)	Bradley et al. (2006)	(Bradley, Ramirez, Soo, & Walsh, 2006)	(Bradley et al., 2006)

One work by five Authors	Walker, Allen, Bradley, Ramirez, and Soo (2008)	Walker et al. (2008)	(Walker, Allen, Bradley, Ramirez, & Soo, 2008)	(Walker et al., 2008)
One work by six Authors	Wasserstein et al. (2005)	Wasserstein et al. (2005)	(Wasserstein et al., 2005)	(Wasserstein et al., 2005)
Groups as Authors (identified through abbreviation)	National Institute of Mental Health (NIMH, 2003)	NIMH (2003)	(National Institute of Mental Health [NIMH], 2003)	(NIMH, 2003)
Groups as Authors (no abbreviation)	University of Pittsburg (2005)	University of Pittsburg (2005)	(University of Pittsburg, 2005)	(University of Pittsburg, 2005)

Reference Components (APA style)

① Park, S. M., & Rainey, H. G. ② (2008). ③ Leadership and public service motivation in US federal agencies. ④ International Public Management Journal, 11(1), 109-142.

→ ①: Author(s) Information
→ ②: Publication Date
→ ③: Title
→ ④: Publication Information

참고문헌

강주연·김기승. (2014). 여성 근로자 분포와 직무에 따른 직종별 남녀 임금격차 분석. 「한국노동경제논집」, 37(4), 113-141.

고재권. (2014). 가족친화적 정책과 조직성과: 직무태도의 매개효과를 중심으로. 「한국인사행정학회보」, 13(2), 161-181.

국정기획자문위원회. (2017). 「문재인정부 국정운영 5개년 계획」. 국정기획자문위원회.

권용수. (2004). 여성공무원의 삶의 질 증진을 위한 복지정책에 관한 연구. 「한국인사행정학회보」, 3(1), 23-43.

김구. (2005). 경찰공무원의 직무스트레스요인이 직무만족과 조직몰입에 미치는 영향: 치안센터 민원담당관을 중심으로. 「한국사회와 행정연구」, 16(3), 59-87.

김민강·박통희. (2008). 신자유주의적 인사혁신의 맥락에서 인사공정성과 조직시민행동. 「한국행정학보」, 42(3), 261-291.

김사현·홍경준. 잠재진단분석방법을 통한 서울시민의 복지태도 연구. 「사회복지정책」, 37(2), 95-121.

김선아·김민영·김민정·박성민. (2013). "일과 삶 균형" 정책과 정책 부합성이 조직효과성에 미치는 영향에 관한 연구: 공공조직과 민간조직 비교를 중심으로. 「한국행정학보」, 47(1), 201-237.

김선아·민경률·이서경·박성민. (2014). 직업선택동기와 직무만족 및 이직의도 간의 관계에 관한 공·사 비교연구: 개인-직무 적합성의 조절효과를 중심으로. 「한국행정연구」, 22(3), 271-314.

김선아·박성민. (2014). 시민의 삶의 질 선행 요인 규명에 관한 연구: 일반 가구와 저소득층 가구의 비교를 중심으로. 「한국행정연구」, 23(4), 173-210.

김선아·박성민. (2016). 정부 인사혁신 핵심가치 도출에 관한 연구: 제도·사람·문화혁신 요소 분석을 중심으로. 「한국행정연구」, 25(4): 175-219.

김선아·박성민. (2017). 인사혁신 전략 수립의 유형화와 최적화에 관한 탐색적 연구: 중앙행정기관을 중심으로. 「국정관리연구」, 12(4), 171-205.

김선아·박성민. (2017). 중앙행정기관 인사혁신 가치의 보편성과 특수성에 관한 연구: 조직 특성별 차이검증을 중심으로. 「한국행정논집」, 29(2), 325-356.

김선아·박성민. (2018a). 여성 근로자의 직장생활의 질 향상을 위한 연구: 조직 내 다양성 관리 전략의 역할 검증을 중심으로. 「여성연구」, 97(2), 5-44.

김선아·박성민. (2018b). 중앙행정기관 공무원의 정책공감성에 관한 연구: 균형인사정책의 수용성 및 성과 인식 분석을 중심으로. 「국정관리연구」, 13(4), 103-129.

김선아·박성민. (2019). 균형인사정책을 통한 대표성 강화가 사회적 가치 확산에 미치는 영향에 관한 연구. 「한국행정논집」, 31(2), 179-202.

김선희. (2010). 여성공무원을 위한 가족친화적 복지제도에 대한 연구: 일-가정 갈등(WFC)이 조직 효과성에 미치는 영향을 중심으로. 「한국행정연구」, 19(3), 3-33.

김성남·이규만. (2012). 경력계획, 직무적합성 및 직장·가정 갈등이 경력성공에 미치는 영향. 「대한경영학회지」, 25(3), 1419-1438.

김영옥. (2010). 남녀관리자의 임금 격차 분석. 「여성경제연구」, 7(2), 1-24.

김재기. (2006). 여성공무원 차별인식과 인사정책방향: 관리직여성공무원을 중심으로. 「행정논총」, 44(1), 127-153.

김재엽·남석인·최선아. (2009). 기혼 직장여성의 스트레스, 우울, 자살생각의 관계: TSL 대처방식에 따른 다집단 분석. 「한국사회복지조사연구」, 22, 275-308.

김정인. (2018). 사회적 가치 실현을 위한 공직가치에 관한 시론적 연구: 포용적 성장을 중심으로. 「한국인사

　　행정학회보」, 17(1), 57-83.

김진욱. (2008). 여성 근로자의 육아휴직과 근로지속성에 관한 실증연구.「사회복지정책」, 33, 239-260.

김혜원. (2011). 가족친화제도와 기업성과.「노동정책연구」, 11(3), 1-24.

김호철·정석. (2016). 대학 지역사회 공헌활동의 사회적 가치 측정 연구.「서울도시연구」, 17(2), 159-175.

나운환·박경순·전미리. (2003). 장애인 고용차별에 관한 연구.「한국행정학보」, 37(2), 355-377.

남궁근. (2017).「행정조사방법론」. 법문사.

노종호·한승주. (2014). 가족친화정책이 공무원 직장생활의 질에 미치는 영향: 집단 간 비교를 중심으로,「한국인사행정학회보」, 13(1), 289-326.

박경환. (2012). 기혼 여성관리자의 일·가정 관계와 관리능력, 직무만족, 조직몰입, 그리고 삶의 만족에 미치는 영향.「대한경영학회지」, 25(2), 879-905.

박성민. (2017).「인사혁신론: 이론과 실제」. 박영사.

박성민·김선아. (2015).「조직과 인간관계」. 박영사.

박성민·최성주·김선아. (2015).「공직의 경쟁력 수준진단을 위한 정부 인사혁신지수 개발 연구」. 인사혁신처 정책연구용역.

박세정. (2012). 일과 삶의 조화를 위한 자치단체의 유연근무제 도입: 현황과 향후과제.「한국지방자치연구」, 14(1), 49-75.

박세정. (2014). 일과 삶의 조화를 구현하는 정책적 수단으로서의 유연근무제 실태와 향후 정착방안에 관한 연구.「현대사회와 행정」, 24(1), 375-397.

박홍식. (2005). 지방정부의 조직·인사혁신. 한국지방자치학회 하계학술대회 발표집. 1-24.

박홍엽. (2008). 과학기술인력분야 균형인사정책의 평가와 발전방안.「한국인사행정학회보」, 7(1), 287-314.

박홍엽. (2009a). 여성 분야 균형인사정책의 평가와 발전 방안.「한국정책연구」, 9(1), 281-304.

박홍엽. (2009b). 장애인 분야 균형인사정책의 실효성 평가와 개선방안.「한국공공관리학보」, 23(2), 71-98.

배귀희·양건모. (2011). 공무원 유연근무제 정착에 관한 실증적 연구.「한국지방자치학회보」, 23(4), 125-153.

백종섭·이근주·최순영. (2007). 참여정부 인사정책에 대한 평가 소고.「한국인사행정학회보」, 6(2). 1-31.

서일준·최무현·김영우. (2014). 균형인사정책의 성과인식과 영향요인에 관한 연구.「한국인사행정학회보」, 13(3), 337-354.

서재현. (2003). 집단 응집성, 상사에 대한 신뢰, 직무만족이 팀 몰입과 조직몰입을 통해 조직시민행동 및 역할 내 행동에 미치는 간접효과에 대한 연구.「조직과 인사관리 연구」, 27(4), 1-23.

송종한·김용순. (2010). 일-가족문화가 조직구성원의 태도와 이직의도에 미치는 영향.「한국콘텐츠학회논문지」, 10(12), 387-396.

신경수·송일호. (2004). 사업체규모별 임금격차와 성별 임금격차분석.「창업정보학회지」, 7(2), 81-100.

신수정. (2017). 여성 근로자의 우울 역학에 대한 고찰.「인문사회 21」, 8(4), 1027-1041.

옥원호·김석용. (2001). 지방공무원의 직무스트레스와 직무만족 및 조직몰입에 관한 연구.「한국행정학보」, 35(4), 355-373.

유계숙. (2007). 가족친화 기업정책의 시행 및 이용 여부와 근로자의 직업만족도, 이직의도, 직무성과.「가족과 문화」, 19(2), 35-59.

유민봉·박성민. (2014).「한국인사행정론 (제5판)」. 박영사.

윤수정. (2018). 사회적 가치 실현과 헌법.「공법학연구」, 19(3), 197-222.

이각희. (2004). 성별 임금격차에 대한 이론적 고찰과 시사점.「사회복지정책」, 19, 143-179.

이도화·정두영. (2010). 가족친화경영과 조직구성원 성과의 관계에 있어서 일-가정 갈등과 조직지원인식의 매개효과.「인적자원관리연구」, 17(4), 265-283.

이명진·천희주. (2018). 사회적기업의 지역사회 내 사회적 가치 평가에 관한 탐색적 연구.「노동연구」, 36, 115-142.

이선경·이춘우·김상순. (2014). 일-가정 갈등이 이직의도에 미치는 영향: 유연근무제 만족도를 중심으로.「한국인적자원관리학회」, 21(5), 245-262.

이승규·라준영. (2010). 사회적 기업의 사회경제적 가치 측정: 사회투자수익률(SROI). 「벤처경영연구」, 13(3), 41-56.

이양복. (2018). 사회적기업의 책임 피라미드 모델 관점에서 윤리경영과 사회적·경제적 가치의 관계. 「경영컨설팅연구」, 18(2), 61-70.

이일현. (2016). 「Easy Flow 회귀분석」. 한나래.

이훈영. (2006). 「SPSS를 이용한 데이터 분석」. 청람.

인사혁신처. (2016). 「정부혁신」. 인사혁신처 발간물.

인사혁신처. (2018a). 「제1차 균형인사 기본계획」. 인사혁신처 발간물.

인사혁신처. (2018b). 「균형인사 연차보고서」. 인사혁신처 발간물.

일자리위원회·관계부처 합동. (2017). 「일자리정책 5년 로드맵」.

임헌만. (2009). 경력개발제도 도입정책의 발전방향에 관한 연구: 제도 도입과 부처별 업무특성에 대한 공무원 인식을 중심으로. 「한국사회와 행정연구」, 20(3), 225-253.

장희숙·김홍범. (2012). 숙박시설 종사자의 일-가족 갈등 (WFC)이 직무몰입 및 생활만족에 미치는 영향. 「호텔관광연구」, 14(3), 119-135.

정상완·한진환. (2006). 역할갈등과 직무만족에 관한 연구. 「한국콘텐츠학회논문지」, 6(2), 27-135.

정진화. (2007). 한국 노동시장에서의 성별 임금격차 변화: 혼인상태 및 직종특성별 비교. 「노동경제논집」, 30(2), 33-60.

중앙인사위원회. (2005). 「공무원인사개혁백서」. 중앙인사위원회 발간물.

진종순. (2009). 균형인사정책의 효과성에 관한 연구: 적극적 대표성을 중심으로. 「한국정책과학학회보」, 13(4), 43-69.

진종순. (2012). 영국과 우리나라 공공부문 유연근무제의 비교연구. 「국가정책연구」, 26(3), 155-186.

진종순·장용진. (2010). 공직사회 유연근무제의 발전방안에 관한 연구. 「한국인사행정학회보」, 9(3), 29-55.

채서일. (2016). 「사회과학조사방법론」. 비앤엠북스.

한국행정연구원. (2006). 「균형인사정책의 실효성 평가와 개선방안」. KIPA 연구보고서.

허수연·유태임. (2011). 취업여성의 '자녀유무별 임금격차(Family Gap)'에 관한 연구. 「한국사회복지조사연구」, 26, 139-164.

황순옥·한상일. (2013). 유연근무제 시행이 만족도와 효능감, 업무성과에 미치는 영향: 춘천시청 공무원을 대상으로 한 실증분석. 「지방정부연구」, 17(2), 391-414.

Adams, G. A., King, L. A., & King, D. W. (1996). Relationships of job and family involvement, family social support, and work–family conflict with job and life satisfaction. Journal of Applied Psychology, 81(4), 411-420.

American Psychological Association (2009). Publication Manual of the American Psychological Association (6th ed.). Washington, DC: Author.

American Psychological Association (2010). Publication Manual of the American Psychological Association (6th ed.). Washington, DC: Author.

Anderson, S. E., Coffey, B. S., & Byerly, R. T. (2002). Formal organizational initiatives and informal workplace practices: Links to work-family conflict and job-related outcomes. Journal of Management, 28(6), 787-810.

Babakus, E., Yavas, U., & Ashill, N. J. (2010). Service worker burnout and turnover intentions: Roles of person-job fit, servant leadership, and customer orientation. Services Marketing Quarterly, 32(1), 17-31.

Babbie, E. R., (2013). The Practice of Social Research. Cengage Learning.

Battaglio, R. P. (2010). Public service reform and motivation: Evidence from an employment at-will environment. Review of Public Personnel Administration, 30(3), 341-363.

Battaglio, R. P., & Condrey, S. E. (2006). Civil service reform. Review of Public Personnel Administration, 26(2),

118-138.

Beehr, T. A., & Newman, J. E. (1978). Job stress, employee health, and organizational effectiveness: A facet analysis, model, and literature review. Personnel Psychology, 31(4), 665-699.

Blau, P. M. (1968). The hierarchy of authority in organizations. American Journal of Sociology, 73(4), 453-467.

Blau, P. M., & Schoenherr, R. A. (1971). The structure of organizations. Basic Books.

Boon, C., Den Hartog, D. N., Boselie, P., & Paauwe, J. (2011). The relationship between perceptions of HR practices and employee outcomes: examining the role of person–organisation and person–job fit. The International Journal of Human Resource Management, 22(01), 138-162.

Carless, S. A. (2005). Person–job fit versus person–organization fit as predictors of organizational attraction and job acceptance intentions: A longitudinal study. Journal of Occupational and Organizational Psychology, 78(3), 411-429.

Cooper, H. (2010). Research Synthesis and Meta-Analysis: A Step-by-Step Approach (4th ed.). Thousand Oaks, CA: Sage.

Coulter, J. (1990). Ethnomethodological Sociology. Edward Elgar Pub.

Creswell, J. W. (2014). Research Design: Qualitative, Quantitative, and Mixed Methods Approaches (4th ed.). Thousand Oaks, CA: Sage.

Creswell, J. W. (2018). Research Design: Qualitative, Quantitative, and Mixed Methods Approaches (5th ed.). Thousand Oaks, CA: Sage.

Crouter, A. C. (1984). Spillover from family to work: The neglected side of the work-family interface. Human Relations, 37(6), 425-442.

Danna, K., & Griffin, R. W. (1999). Health and well-being in the workplace: A review and synthesis of the literature. Journal of Management, 25(3), 357-384.

Dickens, L. (1994). Wasted resources? Equal opportunities in employment. Personnel Management (2nd Ed.). Oxford..

Doherty, L. (2004). Work-life balance initiatives: Implication for women. Employee Relations, 26(4), 433-452.

Drazin, R., & Van de Ven, A. (1985). Alternative forms of contingency theory. Administrative Science Quarterly, 30(4), 514-539.

Ely, R. J., & Meyerson, D. E. (2000). Advancing gender equity in organizations: The challenge and importance of maintaining a gender narrative. Organization, 7(4), 589-608.

Ernst Kossek, E., & Ozeki, C. (1998). Work–family conflict, policies, and the job–life satisfaction relationship: A review and directions for organizational behavior–human resources research. Journal of Applied Psychology, 83(2), 139-149.

French, E. (2001). Approaches to equity management and their relationship to women in management. British Journal of Management, 12(4), 267-285.

Frone, M. R., Russell, M., & Cooper, M. L. (1997). Relation of work–family conflict to health outcomes: A four-year longitudinal study of employed parents. Journal of Occupational and Organizational Psychology, 70(4), 325-335.

Frye, N. K., & Breaugh, J. A. (2004). Family-friendly policies, supervisor support, work–family conflict, family–work conflict, and satisfaction: A test of a conceptual model. Journal of Business and Psychology, 19(2), 197-220.

Gallie, D. (2009). Employment Regimes and the Quality of Work. Oxford University Press.

Gandelman, N., Piani, G., & Ferre, Z. (2012). Neighborhood determinants of quality of life. Journal of Happiness Studies, 13, 547-463.

Gremillion, L. L. (1984). Organization size and information system use: An empirical study. Journal of Management Information Systems, 1(2), 4-17.

Gruenfeld, D. H., Mannix, E. A., Williams, K. Y., & Neale, M. A. (1996). Group composition and decision making: How member familiarity and information distribution affect process and performance. Organizational Behavior and Human Decision Processes, 67(1), 1-15.

ILO. (2017). World Employment Social Outlook: Trends 2017. International Labour Organization.

Indik, B. P. (1963). Some effects of organization size on member attitudes and behavior. Human Relations, 16(4), 369-384.

Israel, M., & Hay, I. (2006). Research Ethics for Social Scientis: Between Ethical Conduct and Regulatory Compliance. Thousand Oaks, CA: Sage.

Ivancevich, J. M., & Gilbert, J. A. (2000). Diversity management time for a new approach. Public Personnel Management, 29(1), 75-92.

Jamal, M. (1984). Job stress and job performance controversy: An empirical assessment. Organizational Behavior and Human Performance, 33(1), 1-21.

Janovec, T. (2001). Procedural Justice in Organizations: A Literature Map. Unpublished Manuscript. University of Nebraska-Lincoln.

Jehn, K. A., Northcraft, G. B., & Neale, M. A. (1999). Why difference make a difference: A field study of diversity, conflict and performance in workgroups. Administrative Science Quarterly, 44(4), 741-763.

Judd. L. L., Paulus, M., Akiskal, H. S., Rapaport, M. H., & Kunovan, J. L. (1997). The role of subsyndromal depressive symptoms in unipolar major depression. In L. L. Judd., B. Saletu., & V. Filip (Eds.). Basic and Clinical Science of Mental and Addictive Disorders (pp. 6–10). Bibliotheca Psychiatrica.

Judge, T. A., Bono, J. E., & Locke, E. A. (2000). Personality and job satisfaction: The mediating role of job characteristics. Journal of Applied Psychology, 85(2), 237-249.

Kalleberg, A. L., & Van Buren, M. E. (1994). Is bigger better? Explaining the relationship between organization size and job rewards. American Sociology Review, 61(1), 47-66.

Kim, J., & Wiggins, M. E. (2011). Family-friendly human resource policy: Is it still working in the public sector?. Public Administration Review, 71(1), 728-739.

Kim, S., & Park, S. M. (2014). Determinants of job satisfaction and turnover intentions of public employees: Evidence from US federal agencies. International Review of Public Administration, 19(1), 63-90.

Kim. J., & Kellough, E. (2014). At-will employment in the States: Examining the perceptions of agency personnel directors. Review of Public Personnel Administration, 34(3), 218-236.

Kingsley, J. D. (1944). Representative Bureaucracy. Antioch Press.

Klatzky, S. R. (1970). Relationship of organizational size to complexity and coordination. Administrative Science Quarterly, 15(4), 428-438.

Liff, S., & Wajcman, J. (1996). 'Sameness' and 'difference' revisited: Which way forward for equal opportunity initiatives?. Journal of Management Studies, 33(1), 79-94.

McEvily, B., & Zaheer, A. (1999). Bridging ties: A source of firm heterogeneity in competitive capabilities. Strategic Management Journal, 20, 1133-1156.

Mosher, F. C. (1982). Democracy and the Public Service. Oxford University Press on Demand.

Mutkins, E., Brown, R. F., & Thorsteinsson, E. B. (2011). Stress, depression, workplace and social supports and burnout in intellectual disability support staff. Journal of Intellectual Disability Research, 55(5), 500-510.

Nadler, D. A., & Lawler Ⅲ, E. E. (1983). Quality of work life: Perspectives and directions. Organizational Dynamics, 11(3), 20-30.

Nigro, L. G., & Kellogugh, J. E. (2008). Personnel reform in the states: A look at progress fifteen years after the winter commission. Public Administration Review, 68, S50-S57.

OECD. (2012). Closing the Gender Gap: Act Now. OECD Publishing.

OECD. (2017). The Pursuit of Gender Equality: An Uphill Battel. OECD Publishing.

Park, C., & Joo, J. (2010). Control over the Korean bureaucracy: A review of the NPM civil service reforms under the Roh Moo-Hyun Government. Review of Public Personnel Administration, 30(2), 189-210.

Park, S. M. (2010). The effects of personnel reform systems on Georgia State employees' attitudes: An empirical analysis from a principal-agent theoretical perspective. Public Management Review, 12(3), 403-437.

Park, S. M., & Joaquin, M. E. (2012). Of alternating waves and shifting shores: the configuration of reform values in the US federal bureaucracy. International Review of Administrative Science, 78(3), 514-536.

Perry, J. L., & Christensen, R. K. (2015). Handbook of Public Administration. John Wiley & Sons.

Peters, B. G., & Savoie, D. J. (1994). Civil service reform: Misdiagnosing the patient. Public Administration Review, 54(5), 418-425.

Piccolo, R. F., & Colquitt, J. A. (2006). Transformational leadership and job behavior: The mediating role of core job characteristics. The Academy of Management Journal, 49(2), 327-340.

Rainey, H. G. (1979). Perceptions of incentives in business and government: Implications for civil service reform. Public Administration Review, 39(5), 440-448.

Rainey, H. G. (2014). Understanding and Managing Public Organizations (5th Edition). Jossey-Baass.

Resick, C. J., Baltes, B. B., & Shantz, C. W. (2007). Person-organization fit and work-related attitudes and decisions: examining interactive effects with job fit and conscientiousness. Journal of Applied Psychology, 92(5), 1446-1455.

Ridgeway, C. L. (1997). Interaction and the conservation of gender inequality: Considering employment. American Sociological Review, 62(2), 218-325.

Saltzstein, A. L., Ting, Y., & Saltzstein, G. H. (2001). Work-family balance and job satisfaction: The impact of family-friendly policies on attitudes of federal government employees. Public Administration Review, 61(4), 452-467.

Sekiguchi, T. (2007). A contingency perspective of the importance of PJ fit and PO fit in employee selection. Journal of Managerial Psychology, 22(2), 118-131.

Selden, S. C. (1997). The Promise of Representative Bureaucracy. M. E. Sharpe.

Selye, H. (1956). The Stress of Life. McGraw-Hill.

Seward, B. L. (1999). Managing Stress: Principles and Strategies for Health and Wellbeing. Jones & Bartlett Publisher.

Siegner, M., Pinkse, J., & Panwar, R. (2018). Managing tensions in a social enterprise: The complex balancing act to deliver a multi-faceted but coherent social mission. Journal of Cleaner Production, 174, 1314-1324

Sirgy, M. J., Efraty, D., Siegel, P., & Lee, D. J. (2001). A new measure of quality of work life (QWL) based on need satisfaction and spillover theories. Social Indicators Research, 55(3), 241-302.

Smith, W. K., Gonin, M., & Besharov, M. L. (2013). Managing social-business tensions: A review and research agenda for social enterprise. Business Ethics Quarterly, 23(3), 407-442.

Stazyk, E. C. (2013). Crowding out public service motivation? Comparing theoretical expectations with empirical findings on the influence of performance-related pay. Review of Public Personnel Administration, 33(3), 252-274.

Sudha, J., & Karthikeyan, P. (2014). Work life balance of women employee: A literature review. International Journal of Management Research & Review, 4(8), 797-804.

Talacchi, S. (1960). Organization size, individual attitudes and behavior: An empirical study. Administrative Science Quarterly, 5(3), 398-420.

Taylor, F. W. (1914). The principles of scientific management. Harper.

Thomas, Jr., R. R. (1990). Form affirmative action to affirming diversity. Harvard Business Review, March-April, 5-15.

Tolbert, P. S., & Zucker, L. G. (1983). Institutional sources of change in the formal structure of organizations: The diffusion of civil service reform, 1880-1935. Administrative Science Quarterly, 28(1), 22-39.

Tziner, A., & Eden, D. (1985). Effects of crew composition on crew performance: Does the whole equal the sum of its parts?. Journal of Applied Psychology, 70(1), 85.

UNDP. (2016). Human Development Report 2016. United Nations Development Programme.

Warr, P., & Inceoglu, I. (2012). Job engagement, job satisfaction, and contrasting associations with person–job fit. Journal of Occupational Health Psychology, 17(2), 129-138.

Wheeler, D., McKague, K., Thomson, J., Davies, R., Medalye, J., & Prada, M. (2005). Creating sustainable local enterprise networks. MIT Sloan Management Review, 47(1), 33-40.

Wilkinson, A. M. (1991). The Scientists's Handbook for Writing Papers and Dissertations. Englewood Cliffs, NJ: Prentice Hall.

Wright, P. M., & Snell, S. A. (1998). Toward a unifying framework for exploring fit and flexibility in strategic human resource management. The Academy of Management Review, 23(4), 756-772.

Wry, T., & York, J. G. (2017). An identity-based approach to social enterprise. Academy of Management Review, 42(3), 437-460.

인문사회과학자를
위한 논문 작성
Handbook

초판 1쇄 발행 2019년 12월 31일
초판 2쇄 발행 2022년 3월 25일

지은이 박성민·김선아
펴낸이 신동렬
책임편집 신철호
편집 현상철·구남희
마케팅 박정수·김지현

펴낸곳 성균관대학교 출판부
등록 1975년 5월 21일 제1975-9호
주소 03063 서울특별시 종로구 성균관로 25-2
대표전화 (02)760-1253~4
팩시밀리 (02)762-7452
홈페이지 press.skku.edu

ISBN 979-11-5550-377-5 93300